EDGARDO FERNANDEZ CLIMENT

Curso de ITIL4 para Profesionales de TI

A mi hermano Rolando, que me dio la idea de escribirlo.

Con todo cariño.

Edgardo

Contents

Prefacio

Bienvenidos a este viaje hacia la comprensión y aplicación práctica de ITIL4, la última evolución en la gestión de servicios de TI. Este libro ha sido cuidadosamente diseñado para guiar a los profesionales de tecnología de la información a través de los fundamentos, principios y prácticas de ITIL4, proporcionando no solo una sólida base teórica sino también ejemplos reales y guías paso a paso para implementar ITIL4 en sus organizaciones.

Propósito

El propósito principal de este libro es ofrecer una comprensión completa de ITIL4, haciendo énfasis en cómo puede ser aplicado prácticamente en el ámbito laboral para mejorar la gestión de servicios de TI. Buscamos desmitificar ITIL4 y hacerlo accesible para todos los niveles de habilidad en el campo de la tecnología de la información, desde principiantes hasta profesionales experimentados.

Audiencia Objetivo

Este libro está dirigido a una amplia gama de profesionales de TI, incluidos gestores de TI, administradores de sistemas, ingenieros de soporte, profesionales de la gestión de servicios, así como a cualquier persona interesada en implementar prácticas de gestión de servicios de TI en su organización. No importa si está comenzando su carrera en TI o si ya tiene experiencia; encontrará valor en las lecciones y ejemplos proporcionados.

Cómo Utilizar el Libro

Para aprovechar al máximo este libro, recomendamos leerlo secuencialmente, especialmente si es nuevo en ITIL o en la gestión de servicios de TI. Cada capítulo se construye sobre los anteriores, profundizando gradualmente en los conceptos más complejos. Sin embargo, si ya tiene experiencia con ITIL, puede encontrar útil saltar a secciones específicas para refrescar conceptos o aprender sobre las nuevas prácticas de ITIL4.

Breve Introducción a ITIL4

¿Qué es ITIL4?

ITIL (Information Technology Infrastructure Library) es un conjunto de prácticas para la gestión de servicios de TI que se ha desarrollado para garantizar que las TI se alineen eficazmente con las necesidades de los negocios. ITIL4, la última actualización de esta marco de trabajo, introduce un enfoque holístico para la gestión de servicios de TI, enfatizando la flexibilidad, la colaboración y la co-creación de valor entre TI y el negocio.

Relevancia para los Profesionales de TI

En un mundo donde la tecnología se encuentra en el corazón de prácticamente todas las operaciones de negocio, ITIL4 se presenta como una guía esencial para desarrollar una gestión de servicios de TI eficiente y efectiva. Permite a los profesionales entender y mejorar cómo se crean, se entregan y se soportan los servicios de TI, asegurando que estos servicios no solo sean confiables, sino que también aporten valor real al negocio.

La adopción de ITIL4 puede ayudar a las organizaciones a mejorar su eficiencia operativa, reducir riesgos relacionados con los servicios de TI, y fomentar un ambiente innovador y adaptable. Para los profesionales de TI, dominar ITIL4 no solo aumenta su capacidad para contribuir significativamente a sus organizaciones, sino que también amplía sus oportunidades de carrera, preparándolos para los desafíos futuros en la gestión de servicios de TI.

A través de este libro, esperamos equiparte con el conocimiento y las herramientas necesarias para navegar por el complejo mundo de la gestión de servicios de TI con confianza, utilizando ITIL4 como tu brújula. Prepárate para desbloquear el potencial de ITIL4 y llevar tu carrera y tu organización hacia nuevas alturas de éxito y eficiencia.

Capítulo 1: Fundamentos de ITIL4

Introducción

En el paisaje dinámico de la tecnología de la información (TI), donde las demandas del negocio evolucionan a un ritmo sin precedentes, la capacidad de entregar servicios de TI efectivos y eficientes se ha convertido en una piedra angular para el éxito organizacional. ITIL4, como el estándar de facto para la gestión de servicios de TI, ofrece un marco robusto que permite a las organizaciones navegar por este complejo entorno, asegurando que los servicios de TI no solo cumplen sino que exceden las expectativas de los usuarios y clientes.

Este primer capítulo, "Fundamentos de ITIL4", está diseñado como tu puerta de entrada al mundo de ITIL4, proporcionando las bases críticas sobre las cuales se construirá tu comprensión del marco. Aquí, exploraremos los conceptos esenciales que son fundamentales para cualquier profesional de TI que desee adoptar, implementar o mejorar las prácticas de gestión de servicios de TI en su organización.

Comenzaremos con una mirada profunda a los Principios de ITIL4, que son las piedras angulares del marco. Estos principios guían la toma de decisiones y las acciones a lo largo de todas las áreas de la gestión de servicios, ofreciendo un enfoque flexible y adaptable que puede ser personalizado para las necesidades específicas de cualquier organización.

A continuación, profundizaremos en el Sistema de Valor del Servicio (SVS), que proporciona una visión holística de cómo todos los componentes y actividades de la organización trabajan conjuntamente para facilitar la creación de valor a través de servicios de TI. Este modelo subraya la importancia de una estrategia integrada y alineada para la gestión de servicios de TI.

Por último, examinaremos las Cuatro Dimensiones de la Gestión del Servicio, que aseguran una visión equilibrada y completa de la gestión de servicios. Estas dimensiones abordan los aspectos organizativos, tecnológicos, socios/proveedores, y procesos/flujos de valor, y son esenciales para implementar eficazmente el SVS en cualquier entorno de TI.

Para ilustrar la aplicación práctica de estos conceptos, cerraremos el capítulo con un caso de estudio introductorio, donde veremos cómo una organización ha aplicado los fundamentos de ITIL4 para superar desafíos reales, destacando las lecciones aprendidas y los beneficios obtenidos en el proceso.

Al final de este capítulo, estarás equipado con un entendimiento claro de los fundamentos de ITIL4, preparándote para profundizar en su aplicación práctica y cómo puede ser utilizado para impulsar la excelencia en la gestión de servicios de TI dentro de tu organización. Este es el primer paso en tu viaje hacia la maestría en ITIL4, y es fundamental para cualquier profesional de TI comprometido con la mejora continua y la entrega de valor excepcional a través de los servicios de TI.

Sección 1.1: Principios de ITIL4

Introducción

Al embarcarnos en el viaje para comprender los fundamentos de ITIL4, es esencial comenzar con sus principios guía. Estos principios no solo forman el corazón de ITIL4, sino que también actúan como una brújula para las organizaciones y profesionales de TI, guiando todas las acciones y decisiones dentro del marco de la gestión de servicios de TI. La Sección 1.1, dedicada a los Principios de ITIL4, desglosa estos fundamentos críticos, ofreciendo una visión clara y detallada de cada uno y su aplicación en el entorno de TI.

Los principios de ITIL4 son universales, aplicables a cualquier iniciativa de servicio, ajuste o mejora. Ofrecen un enfoque adaptable y flexible que reconoce la diversidad de las organizaciones y sus entornos operativos. Al adherirse a estos principios, las organizaciones pueden asegurar que sus prácticas de gestión de servicios sean resilientes, sostenibles y, lo más importante, centradas en el valor.

En esta sección, exploraremos detalladamente cada uno de los siete principios guía de ITIL4:

1. Enfoque en el valor: La piedra angular de toda gestión de servicios, este principio pone de relieve la importancia de comprender y satisfacer las necesidades reales de los clientes y usuarios.

2. **Comenzar donde estás:** Un llamado a la acción para evaluar y aprovechar los recursos y capacidades existentes antes de intentar construir desde cero.

3. **Progresar iterativamente con retroalimentación:** Este principio enfatiza la importancia de avanzar en pasos pequeños y manejables, utilizando la retroalimentación para guiar el desarrollo y las mejoras.

4. **Colaborar y promover la visibilidad:** Resalta el valor de la transparencia y la colaboración entre equipos y stakeholders para mejorar la entrega y gestión de servicios.

5. **Pensar y trabajar holísticamente:** Un recordatorio de que el éxito en la gestión de servicios requiere una visión integral, considerando cómo cada parte contribuye al todo.

6. **Mantenerlo simple y práctico:** Insta a evitar la complejidad innecesaria y a concentrarse en lo que realmente agrega valor al servicio.

7. **Optimizar y automatizar:** Este principio alienta a las organizaciones a buscar continuamente maneras de mejorar la eficiencia, pero solo después de simplificar y optimizar los procesos existentes.

Al final de esta sección, los lectores tendrán una comprensión sólida de los principios de ITIL4, armados con el conocimiento para aplicar estos principios en sus propias prácticas de gestión de servicios. Estos principios no solo son fundamentales para la implementación exitosa de ITIL4, sino que también sirven como directrices éticas y estratégicas para la toma de decisiones en la gestión de servicios de TI, asegurando que todas las acciones y mejoras estén alineadas con la creación de valor.

Principios de ITIL4

Los principios guía de ITIL4 representan las bases filosóficas sobre las cuales se construye el marco de gestión de servicios de TI. Estos principios ayudan a las organizaciones a adoptar y adaptar ITIL4 para sus necesidades específicas, promoviendo un enfoque flexible y eficaz en la gestión de servicios de TI. A continuación, se ofrece una descripción detallada de cada uno de los siete principios guía de ITIL4, explorando su significado y cómo pueden ser aplicados en el contexto de la gestión de servicios.

1. Enfoque en el Valor

El principio de "Enfoque en el valor" subraya la importancia de comprender y atender las necesidades explícitas e implícitas de los clientes y otros stakeholders. La gestión de servicios debe estar orientada a la entrega de servicios que creen valor real para el negocio y sus clientes. Para aplicar este principio, las organizaciones deben identificar claramente qué es valor para sus clientes y cómo los servicios de TI pueden contribuir a la creación de ese valor.

2. Comenzar Donde Estás

"Comenzar donde estás" insta a las organizaciones a evaluar y aprovechar sus capacidades y recursos existentes antes de iniciar nuevos proyectos o hacer cambios significativos. Este principio promueve la eficiencia y minimiza la duplicación de esfuerzos, alentando a las organizaciones a realizar una auditoría de sus activos de servicio actuales y utilizarlos como punto de partida para cualquier iniciativa de mejora.

3. Progresar Iterativamente con Retroalimentación

Este principio aboga por adoptar un enfoque iterativo en la gestión de servicios, avanzando en pasos manejables y haciendo uso de la retroalimentación en cada etapa para guiar el desarrollo y las mejoras. "Progresar iterativamente con retroalimentación" reconoce que no todas las variables pueden ser conocidas desde el inicio y que el aprendizaje continuo y la adaptación son esenciales para el éxito a largo plazo.

4. Colaborar y Promover la Visibilidad

La colaboración y la transparencia son cruciales para el éxito en la gestión de servicios de TI. Este principio enfatiza la importancia de trabajar en conjunto, tanto dentro de la organización como con socios externos y clientes, para lograr resultados óptimos. La promoción de la visibilidad de los procesos, decisiones y resultados es fundamental para fomentar la confianza y el compromiso de todos los stakeholders.

5. Pensar y Trabajar Holísticamente

"Pensar y trabajar holísticamente" destaca la necesidad de considerar cómo todos los componentes y actividades del sistema de valor del servicio interactúan entre sí. La gestión de servicios de TI debe tener en cuenta todas las dimensiones de la gestión de servicios (organizaciones y personas, información y tecnología, socios y proveedores, flujos de valor y procesos) para asegurar una entrega de servicios coherente y eficiente.

6. Mantenerlo Simple y Práctico

Este principio insta a eliminar lo innecesario y a simplificar los procesos siempre que sea posible. "Mantenerlo simple y práctico" alienta a las organizaciones a centrarse en lo que realmente agrega valor y a evitar la complejidad innecesaria, lo que puede conducir a una mayor eficiencia y efectividad en la gestión de servicios de TI.

7. Optimizar y Automatizar

Finalmente, "Optimizar y automatizar" se refiere a la importancia de buscar constantemente maneras de mejorar los procesos y actividades de servicio. Este principio sugiere que, antes de considerar la automatización, es esencial optimizar los procesos para eliminar actividades redundantes o innecesarias. La automatización debe utilizarse como una herramienta para aumentar la eficiencia y la efectividad, no como un fin en sí mismo.

Cada uno de estos principios guía ofrece una perspectiva valiosa para la gestión de servicios de TI, alentando a las organizaciones a adoptar un enfoque estratégico, centrado en el cliente y eficiente. Al aplicar estos principios, las organizaciones pueden asegurar que sus prácticas de gestión de servicios no solo sean efectivas sino también alineadas con las necesidades cambiantes del negocio y sus clientes.

Sección 1.2: El Sistema de Valor del Servicio (SVS)

Introducción

Tras haber establecido la importancia de los principios guía de ITIL4 en la sección anterior, avanzamos hacia otro pilar fundamental dentro del marco de ITIL4: el Sistema de Valor del Servicio (SVS). Esta sección, dedicada al SVS, profundiza en uno de los conceptos más críticos y transformadores que ITIL4 ofrece a los profesionales y organizaciones de TI. El SVS no solo proporciona una estructura para entender cómo se crea, entrega y mantiene el valor a través de servicios de TI, sino que también establece un lenguaje común para discutir la gestión de servicios dentro de la organización y con sus stakeholders.

El Sistema de Valor del Servicio representa una visión holística de los elementos que contribuyen a la entrega efectiva de servicios, destacando cómo las actividades, prácticas, y recursos de una organización se interconectan para facilitar la creación de valor. Esta sección explorará los componentes del SVS, incluyendo los principios guía, la gobernanza, la cadena de valor del servicio, las prácticas y la mejora continua, detallando cómo cada uno contribuye al funcionamiento eficiente y efectivo del modelo.

La importancia del SVS radica en su capacidad para orientar a las organizaciones en la planificación, entrega y mejora de sus servicios de TI, asegurando que todas las acciones y decisiones estén alineadas con la creación de valor. Al adoptar el SVS, las organizaciones pueden superar los silos operativos, mejorar la colaboración entre equipos y optimizar sus recursos para lograr resultados más significativos y sostenibles.

En esta sección, no solo analizaremos la teoría detrás del SVS sino que también discutiremos su aplicación práctica. A través de ejemplos y estudios de caso, ilustraremos cómo el SVS puede ser implementado en diversas organizaciones para enfrentar desafíos reales, mejorar la entrega de servicios y, en última instancia, aumentar el valor proporcionado a clientes y usuarios.

Al final de esta sección, los lectores tendrán una comprensión clara y completa del Sistema de Valor del Servicio y su papel central en la gestión moderna de servicios de TI, equipados con el conocimiento necesario para comenzar a aplicar estos conceptos en su propio entorno de trabajo.

El Sistema de Valor del Servicio (SVS)

El Sistema de Valor del Servicio (SVS) de ITIL4 es un marco integral que proporciona a las organizaciones una arquitectura para la creación, entrega y mejora continua de servicios de TI. Al centrarse en la creación de valor en todas las actividades, el SVS ayuda a las organizaciones a alinear sus operaciones de TI con las necesidades del negocio, fomentando una colaboración más estrecha entre TI y otras áreas de la empresa.

¿Qué es el SVS?

El SVS se basa en la premisa de que el valor se crea a través de una combinación cohesiva de productos y servicios gestionados para satisfacer las necesidades y expectativas de los clientes y usuarios. Este modelo encapsula todos los componentes y actividades que interactúan en la gestión de servicios de TI, incluyendo:

- **Principios guía:** Los fundamentos que orientan todas las acciones y decisiones dentro del SVS.

- **Gobernanza:** El sistema por el cual se dirige y controla la organización, asegurando que sus prácticas se alineen con la estrategia del negocio.

- **Cadena de valor del servicio:** Una serie de actividades interconectadas que las organizaciones realizan para entregar un servicio valioso a sus clientes y usuarios.

- **Prácticas:** Conjuntos de recursos organizacionales para realizar trabajo o lograr un objetivo, estructurados para apoyar a los profesionales en su trabajo.

- **Mejora continua:** Un enfoque iterativo para mejorar los servicios y prácticas basándose en la retroalimentación y los datos de rendimiento.

Importancia del SVS

El SVS es fundamental para comprender cómo las organizaciones pueden transformar los insumos (oportunidades y demandas) en resultados valiosos a través de servicios de TI. Este modelo enfatiza la importancia de una visión integral y coordinada de la gestión de servicios, destacando cómo cada componente debe contribuir a la creación de valor.

- **Alineación con los objetivos del negocio:** Facilita una estrecha integración entre las operaciones de TI y las estrategias del negocio, asegurando que los servicios de TI contribuyan directamente a alcanzar los objetivos empresariales.

- **Flexibilidad y adaptabilidad:** Promueve un enfoque adaptable que puede ajustarse a diferentes entornos y necesidades del negocio, permitiendo a las organizaciones responder rápidamente a los cambios.

- **Eficiencia operativa:** Ayuda a identificar y eliminar actividades redundantes o que no agregan valor, optimizando los recursos y mejorando la eficiencia.

- **Mejora continua:** Incorpora un ciclo de mejora continua que permite a las organizaciones evolucionar sus servicios y prácticas basándose en el aprendizaje y la retroalimentación, fomentando la innovación.

Aplicación Práctica del SVS

Implementar el SVS requiere un compromiso con los principios guía de ITIL4, una gobernanza efectiva y la adopción de prácticas que soporten la cadena de valor del servicio. Las organizaciones pueden comenzar evaluando su estado actual, identificando áreas de mejora y diseñando un plan para integrar los componentes del SVS en sus operaciones de TI.

Por ejemplo, una organización puede revisar su cadena de valor actual para identificar cómo las actividades de TI contribuyen a la creación de valor y dónde existen oportunidades para la mejora. Esto podría incluir la adopción de nuevas prácticas de ITIL4, como la gestión de incidentes o la gestión de problemas, para mejorar la resolución de incidentes y reducir su impacto en el negocio.

El Sistema de Valor del Servicio es un componente esencial de ITIL4, proporcionando un marco para entender y mejorar la forma en que las organizaciones crean y entregan valor a través de servicios de TI. Al adoptar el SVS, las organizaciones pueden asegurar que sus operaciones de TI estén alineadas con las necesidades del negocio, sean eficientes y capaces de adaptarse a los cambios, y estén enfocadas en la mejora continua. Esta sección ha ofrecido una visión general del SVS, su importancia y cómo puede ser aplicado para transformar la gestión de servicios de TI en su organización.

Sección 1.3: Las Cuatro Dimensiones de la Gestión del Servicio

Introducción

Después de explorar los principios guía de ITIL4 y el Sistema de Valor del Servicio (SVS), nos adentramos en otra faceta crucial del marco de ITIL4: las Cuatro Dimensiones de la Gestión del Servicio. Esta sección desglosa el concepto de las cuatro dimensiones, una pieza integral para comprender cómo ITIL4 propone abordar la gestión de servicios de una manera holística y balanceada.

Las Cuatro Dimensiones de la Gestión del Servicio son fundamentales para el éxito en la entrega y mejora de los servicios de TI, ya que proporcionan una visión completa de los diferentes factores que afectan la calidad y la eficacia de los servicios. Estas dimensiones son consideraciones cruciales que deben ser gestionadas y equilibradas cuidadosamente para garantizar que cualquier estrategia, diseño, o cambio en los servicios de TI pueda ser implementado de manera efectiva y sostenible.

Propósito de esta Sección

El propósito de esta sección es profundizar en cada una de estas dimensiones, explicando su importancia y cómo influyen en la gestión de servicios de TI. Al final de esta sección, los lectores tendrán una comprensión clara de cómo estas dimensiones interactúan entre sí y con los componentes del SVS, y cómo su gestión adecuada puede mejorar significativamente la entrega de servicios.

Las Cuatro Dimensiones son:

1. Organizaciones y Personas: Aborda la importancia de la cultura organizacional, las estructuras, los roles, las competencias y la capacitación dentro de la organización.

2. Información y Tecnología: Se centra en los aspectos de la infraestructura tecnológica, las herramientas, los sistemas de gestión de datos y la seguridad de la información.

3. Socios y Proveedores: Considera las relaciones con terceros que proporcionan servicios o productos que soportan la entrega de los servicios de TI.

4. Flujos de Valor y Procesos: Examina cómo se organizan y gestionan las actividades y prácticas para facilitar la creación de valor a través de los servicios.

Importancia de las Cuatro Dimensiones

Comprender y aplicar las Cuatro Dimensiones es esencial para cualquier iniciativa dentro del marco de ITIL4, ya que proporcionan una estructura para evaluar y mejorar todos los aspectos del servicio. Al equilibrar y coordinar estas dimensiones, las organizaciones pueden asegurar que sus prácticas de gestión de servicios sean más eficientes, resilientes y alineadas con las necesidades del negocio y de los clientes.

Objetivos de esta Sección

Al finalizar esta sección, los lectores estarán equipados para:

- Identificar y explicar las Cuatro Dimensiones de la Gestión del Servicio.

- Comprender cómo cada dimensión contribuye a la gestión y entrega efectiva de servicios de TI.

- Reconocer la importancia de mantener un equilibrio entre estas dimensiones para lograr una gestión de servicios integral y efectiva.

- Aplicar el conocimiento de estas dimensiones para evaluar y mejorar sus propias prácticas de gestión de servicios de TI.

Esta sección es fundamental para aquellos que buscan implementar o mejorar sus prácticas de gestión de servicios de TI dentro del marco de ITIL4, proporcionando las herramientas y el entendimiento necesario para abordar la gestión de servicios de una manera completa y equilibrada.

Las Cuatro Dimensiones de la Gestión del Servicio

En el marco de ITIL4, las Cuatro Dimensiones de la Gestión del Servicio son esenciales para crear, entregar y mejorar continuamente los servicios de TI. Estas dimensiones proporcionan una perspectiva completa y equilibrada, asegurando que la gestión de servicios sea holística y eficaz. Veamos cada una de estas dimensiones en detalle.

1. Organizaciones y Personas

Esta dimensión se centra en los aspectos humanos y estructurales necesarios para soportar una gestión de servicios eficaz. Incluye la cultura organizacional, la estructura de la organización, las competencias del personal, la gestión del cambio y el desarrollo de habilidades.

- **Importancia:** El éxito en la gestión de servicios de TI depende en gran medida de las personas que diseñan, gestionan y entregan estos servicios. Por tanto, es crucial contar con equipos bien formados, motivados y organizados de manera efectiva.

- **Aplicación Práctica:** Las organizaciones deben fomentar una cultura de mejora continua, invertir en la formación y certificación de su personal en prácticas de ITIL y otras áreas relevantes, y asegurar una comunicación efectiva dentro de la organización.

2. Información y Tecnología

Esta dimensión cubre los aspectos tecnológicos y de información que soportan la gestión de servicios, incluyendo la infraestructura de TI, las aplicaciones, los datos y la seguridad de la información.

- **Importancia:** La tecnología es el pilar sobre el que se prestan todos los servicios de TI. La gestión adecuada de la información y la tecnología es fundamental para asegurar la entrega de servicios fiables, seguros y eficientes.

- **Aplicación Práctica:** Implementar tecnologías que soporten la automatización de procesos, garantizar la seguridad de los datos y utilizar sistemas de gestión de información eficaces para tomar decisiones basadas en datos.

3. Socios y Proveedores

Esta dimensión considera las relaciones con terceros que proporcionan servicios, productos o recursos que apoyan la entrega y gestión de los servicios de TI.

- **Importancia:** En el entorno de TI actual, pocas organizaciones operan de manera aislada. Las asociaciones y colaboraciones con socios y proveedores son esenciales para ofrecer servicios de alta calidad.

- **Aplicación Práctica:** Gestionar eficazmente las relaciones con los proveedores, asegurando que los niveles de servicio acordados se alineen con los objetivos de la organización y se cumplan consistentemente.

4. Flujos de Valor y Procesos

Esta dimensión se refiere a las actividades, flujos de trabajo, controles y procedimientos necesarios para gestionar y entregar servicios de TI.

- **Importancia:** Los procesos bien definidos y los flujos de valor optimizados son cruciales para la entrega eficiente de servicios. Permiten a las organizaciones crear, entregar y mejorar sus servicios de manera coherente y predecible.

- **Aplicación Práctica:** Diseñar e implementar procesos que soporten los objetivos del servicio, utilizando prácticas recomendadas de ITIL para optimizar estos flujos de valor y procesos.

Las Cuatro Dimensiones de la Gestión del Servicio son fundamentales para una gestión de servicios de TI equilibrada y efectiva. Al considerar cada una de estas dimensiones al diseñar, entregar y mejorar servicios, las organizaciones pueden asegurar que su gestión de servicios sea holística y alinee los servicios de TI con las necesidades y objetivos del negocio. Esta comprensión integral es esencial para cualquier profesional de TI que busque implementar o mejorar las prácticas de gestión de servicios dentro de su organización, promoviendo una entrega de servicios que es tanto eficiente como efectiva.

Caso de Estudio

Introducción

Después de haber explorado los principios guía de ITIL4, el Sistema de Valor del Servicio (SVS) y las Cuatro Dimensiones de la Gestión del Servicio, es esencial contextualizar esta teoría mediante su aplicación en situaciones del mundo real. El propósito de este ejemplo introductorio es proporcionar un caso de estudio concreto que ilustre cómo los fundamentos de ITIL4 pueden ser implementados prácticamente dentro de una organización para enfrentar desafíos reales, mejorar la entrega de servicios y, en última instancia, crear un valor significativo tanto para la empresa como para sus clientes.

Este caso de estudio se centra en "TechFusion", una empresa ficticia que enfrenta varios desafíos en la entrega de servicios de TI, incluidas la falta de cohesión entre los equipos de TI, procesos ineficientes y una alineación insuficiente de los servicios de TI con los objetivos estratégicos del negocio. A través de este ejemplo, exploraremos cómo TechFusion aplica los principios de ITIL4, estructura su enfoque en torno al SVS y considera las Cuatro Dimensiones de la Gestión del Servicio para abordar y superar estos desafíos.

Objetivos del Caso de Estudio

- **Ilustrar la Aplicación de los Principios de ITIL4:** Mostrar cómo los principios guía pueden orientar las decisiones estratégicas y operativas en TechFusion.

- **Demostrar el Uso del Sistema de Valor del Servicio:** Explicar cómo el SVS proporciona un marco para mejorar la gestión de servicios de TI y la creación de valor.

- **Explorar las Cuatro Dimensiones de la Gestión del Servicio:** Destacar cómo un enfoque equilibrado en estas dimensiones puede resolver problemas complejos y mejorar la eficiencia.

- **Resaltar Beneficios Tangibles:** Presentar resultados reales obtenidos por TechFusion, incluyendo mejoras en la eficiencia, la satisfacción del cliente y el alineamiento estratégico.

Importancia de Este Ejemplo

Este caso de estudio no solo demuestra la aplicabilidad de ITIL4 en escenarios del mundo real sino que también proporciona insights prácticos que los lectores pueden considerar y potencialmente adaptar a sus propias situaciones. Al final de este ejemplo, los lectores tendrán una comprensión más profunda de cómo los fundamentos de ITIL4 pueden ser utilizados para catalizar cambios positivos dentro de una organización, reforzando la importancia de adoptar un enfoque sistemático y estratégico para la gestión de servicios de TI.

Acompáñanos mientras desglosamos este viaje de transformación de TechFusion, explorando paso a paso cómo la adopción de ITIL4 lleva a mejoras significativas en sus operaciones de TI y en la entrega de servicios, creando un caso convincente para el valor práctico y estratégico de ITIL4.

Ejemplo 1: Caso de Estudio Introductorio sobre la Aplicación de los Fundamentos de ITIL4

Contexto de TechFusion

TechFusion es una empresa de desarrollo de software con una sólida cartera de productos y una base de clientes global. A pesar de su éxito, TechFusion enfrenta desafíos en la entrega eficiente de servicios de TI. Con tiempos de resolución lentos, falta de alineación entre los equipos de TI y las necesidades del negocio, y una gestión de cambios que resulta en frecuentes interrupciones de servicio, la satisfacción del cliente ha comenzado a decaer.

Implementación de ITIL4 en TechFusion

Enfoque en el Valor

TechFusion comenzó su transformación ITIL4 redefiniendo su enfoque hacia la creación de valor para el cliente. Esto implicó realizar talleres con stakeholders de todas las áreas de negocio para entender mejor sus necesidades y expectativas. Basándose en estos descubrimientos, TechFusion ajustó sus servicios de TI para alinearlos más estrechamente con los objetivos estratégicos del negocio, asegurando que cada servicio ofrecido contribuyera directamente al valor percibido por los clientes.

Comenzar Donde Estás

La empresa realizó una auditoría de sus capacidades y procesos de TI existentes, identificando áreas de fortaleza y oportunidades de mejora. Esta evaluación ayudó a TechFusion a reconocer que, mientras algunos procesos solo necesitaban ajustes menores, otros requerían una revisión más profunda para alinearse con las prácticas recomendadas de ITIL4.

Progresar Iterativamente con Retroalimentación

TechFusion adoptó un enfoque iterativo para implementar cambios, comenzando con proyectos piloto en áreas críticas. Por ejemplo, mejoraron su proceso de gestión de incidentes en un departamento antes de desplegar las mejoras en toda la organización. Esto permitió a la empresa aprender de la experiencia, ajustar los procesos según fuera necesario y gestionar mejor los riesgos asociados con los cambios.

Colaborar y Promover la Visibilidad

Para superar los silos entre los equipos, TechFusion promovió una cultura de colaboración, utilizando herramientas de comunicación y gestión de proyectos que mejoraron la visibilidad de los trabajos en curso y los planes futuros. Esto no solo mejoró la coordinación entre los equipos sino que también aumentó la transparencia con los clientes, quienes ahora tenían una mejor comprensión de los tiempos de entrega y el estado de sus solicitudes.

Pensar y Trabajar Holísticamente

Reconociendo la importancia de una visión holística, TechFusion integró sus equipos de desarrollo y operaciones de TI para fomentar un enfoque de DevOps, mejorando la velocidad y la calidad de la entrega de servicios. También revisaron cómo sus socios y proveedores contribuían a la cadena de valor del servicio, asegurando que sus contribuciones estuvieran alineadas con los objetivos de la empresa.

Mantenerlo Simple y Práctico

TechFusion simplificó sus procesos de TI, eliminando pasos innecesarios y automatizando tareas rutinarias. Esto no solo redujo la carga de trabajo del equipo de TI sino que también acortó los tiempos de respuesta para los usuarios finales.

Optimizar y Automatizar

Con procesos más simples en su lugar, TechFusion implementó soluciones de automatización para la gestión de incidentes y solicitudes, lo que redujo significativamente los errores humanos y mejoró la eficiencia operativa.

Resultados

La implementación de ITIL4 transformó la entrega de servicios de TI en TechFusion. La satisfacción del cliente mejoró notablemente, los tiempos de resolución de incidentes se redujeron a la mitad, y la empresa pudo innovar más rápidamente gracias a una mejor alineación entre TI y los objetivos del negocio. Este caso de estudio demuestra el poder de los principios de ITIL4 para guiar a las organizaciones hacia una gestión de servicios más efectiva y centrada en el valor.

Conclusión

La experiencia de TechFusion ilustra cómo, independientemente de los desafíos específicos que enfrenta una organización, la aplicación de los fundamentos de ITIL4 puede conducir a mejoras significativas en la entrega de servicios de TI. A través de un compromiso con la creación de valor, la mejora continua y la colaboración, las organizaciones pueden superar obstáculos, mejorar la satisfacción del cliente y alcanzar sus objetivos estratégicos.

Capítulo 2: El Sistema de Valor del Servicio (SVS) en Detalle

Introducción

Tras establecer una base sólida en los fundamentos de ITIL4, el próximo paso en nuestro viaje hacia una comprensión profunda de la gestión de servicios de TI nos lleva a explorar el Sistema de Valor del Servicio (SVS) en detalle. Este capítulo se adentra en el corazón de ITIL4, desglosando los componentes que componen el SVS y cómo interactúan entre sí para facilitar la creación, entrega y mejora continua de los servicios de TI.

El SVS es un modelo operativo que guía a las organizaciones en cómo pensar y actuar en el contexto de la gestión de servicios. Proporciona un enfoque integral para la entrega de valor a través de productos y servicios de TI, alineando las actividades de la organización con las necesidades de sus clientes y otros stakeholders. Este capítulo detalla cada elemento del SVS, incluyendo la cadena de valor del servicio, las prácticas de gestión, los principios guía, la gobernanza, y la mejora continua, brindando una visión clara de cómo se pueden aplicar eficazmente para lograr la excelencia en la gestión de servicios.

Objetivos del Capítulo

- **Profundizar en la Cadena de Valor del Servicio:** Explorar cada actividad de la cadena de valor del servicio y cómo contribuyen a la creación de valor.

- **Detallar las Prácticas de Gestión:** Examinar las prácticas de gestión específicas que soportan la cadena de valor del servicio, proporcionando ejemplos concretos de cómo se pueden implementar y adaptar.

- **Comprender la Gobernanza en ITIL4:** Discutir el papel de la gobernanza dentro del SVS y cómo asegura que las actividades de gestión de servicios estén alineadas con los objetivos estratégicos del negocio.

- **Fomentar la Mejora Continua:** Presentar el Sistema de mejora continua de ITIL4 y cómo se integra dentro del SVS para facilitar el desarrollo y la adaptación constante de los servicios de TI.

Importancia de Este Capítulo

El Sistema de Valor del Servicio es esencial para entender cómo ITIL4 facilita una gestión de servicios eficaz y centrada en el valor. A través de este capítulo, los lectores obtendrán una comprensión detallada de los mecanismos que permiten a las organizaciones responder a las demandas cambiantes del mercado y las expectativas de los clientes, al tiempo que promueven una cultura de mejora continua. Al finalizar este capítulo, los profesionales de TI estarán mejor equipados para aplicar los principios de ITIL4 en su trabajo diario, mejorando significativamente la calidad y eficiencia de los servicios de TI que ofrecen.

El capítulo sobre el Sistema de Valor del Servicio (SVS) en detalle es un recurso invaluable para cualquier profesional de TI que busque profundizar en la aplicación práctica de ITIL4. Ofrece las herramientas y conocimientos necesarios para transformar la gestión de servicios de TI, asegurando que las actividades estén alineadas con la creación de valor y las necesidades del negocio. Prepárese para sumergirse en la estructura que subyace a la eficacia operativa y estratégica en la gestión de servicios de TI, abriendo el camino hacia una entrega de servicios más integrada y orientada al valor.

Sección 2.1: Las Prácticas de ITIL4

Introducción

En el corazón del Sistema de Valor del Servicio (SVS) de ITIL4, encontramos un componente crucial: las Prácticas de ITIL4. Estas prácticas representan las actividades y procesos fundamentales que las organizaciones de TI utilizan para gestionar y entregar servicios. En esta sección, nos adentraremos en una visión general de las prácticas de gestión de servicios de ITIL4, explorando cómo cada práctica contribuye al objetivo general de crear, entregar y mejorar continuamente los servicios de TI.

Las prácticas de ITIL4 no son solo un conjunto de procesos rígidos; son un marco adaptable que puede ser personalizado según las necesidades específicas de cada organización. Al proporcionar una guía detallada sobre cómo abordar diferentes aspectos de la gestión de servicios, estas prácticas permiten a las organizaciones alcanzar sus objetivos de manera más efectiva y eficiente.

Objetivos de esta Sección

- **Definir las Prácticas de Gestión de Servicios:** Ofrecer una comprensión clara de lo que son las prácticas de ITIL4 y cómo se estructuran dentro del marco de ITIL.

- **Explorar la Diversidad de Prácticas:** Presentar las 34 prácticas de ITIL4 categorizadas en generales, de servicio y técnicas, proporcionando ejemplos de cómo se aplican en diferentes contextos.

- **Entender la Aplicabilidad de las Prácticas:** Discutir cómo las prácticas pueden ser adaptadas y aplicadas en diversos entornos organizacionales para resolver problemas específicos y mejorar la entrega de servicios.

- **Destacar la Importancia de las Prácticas:** Subrayar cómo la implementación efectiva de estas prácticas puede transformar la gestión de servicios de TI, mejorando la eficiencia, la efectividad y la alineación con los objetivos del negocio.

Importancia de las Prácticas de ITIL4

Las prácticas de ITIL4 son vitales para la gestión de servicios de TI moderna. Proporcionan una estructura que ayuda a las organizaciones a manejar el ritmo rápido del cambio tecnológico, las expectativas crecientes de los clientes y la necesidad de una mayor eficiencia y agilidad. Al adoptar estas prácticas, las organizaciones pueden mejorar significativamente su capacidad para entregar servicios de alta calidad que satisfagan las necesidades de sus usuarios y clientes, al mismo tiempo que cumplen con sus objetivos estratégicos.

Esta sección se dedica a proporcionar una comprensión profunda de las prácticas de ITIL4, mostrando cómo son fundamentales para cualquier esfuerzo de gestión de servicios en el contexto del SVS. Al final de esta sección, los lectores estarán equipados con el conocimiento necesario para comprender cómo estas prácticas se interrelacionan con otros elementos del SVS y cómo pueden ser aplicadas para lograr una gestión de servicios de TI excepcional. Prepárese para explorar el vasto mundo de las prácticas de ITIL4 y descubra cómo pueden ser utilizadas para impulsar la excelencia en la gestión de servicios de TI.

Las Prácticas de ITIL4

Las prácticas de ITIL4 representan componentes esenciales del Sistema de Valor del Servicio (SVS), ofreciendo un marco comprensivo para la gestión eficaz de los servicios de TI. Estas prácticas, que abarcan un amplio rango de actividades y procesos, están diseñadas para apoyar a las organizaciones en la creación, entrega y mejora continua de los servicios de TI. En esta sección, proporcionaremos una visión general de las prácticas de gestión de servicios de ITIL4, destacando su estructura, propósito y cómo se aplican en el contexto del SVS.

Estructura de las Prácticas de ITIL4

ITIL4 define 34 prácticas que se categorizan en cuatro tipos principales:

1. Prácticas Generales: Se centran en la gestión y la organización, abarcando aspectos como la mejora continua, la gestión del cambio y la gestión de incidentes.

2. Prácticas de Servicio: Enfocadas en la creación y gestión de servicios, incluyen la gestión de niveles de servicio y la gestión de relaciones.

3. Prácticas Técnicas: Relacionadas con la ejecución y uso de tecnología específica, como la gestión de infraestructuras y plataformas.

4. Prácticas de Gestión: Dirigidas a la supervisión y dirección de las operaciones de TI, tales como la gestión de la seguridad de la información y la gestión de riesgos.

Cada práctica está diseñada para ser flexible y adaptable, permitiendo a las organizaciones aplicarlas según sus necesidades específicas, tamaño y tipo de servicio ofrecido.

Propósito y Aplicación

Las prácticas de ITIL4 están diseñadas para:

- **Facilitar la Creación de Valor:** Asegurando que los servicios de TI se alineen y contribuyan a los objetivos del negocio.

- **Optimizar los Recursos:** Mejorando la eficiencia mediante la gestión adecuada de la tecnología, la información, los socios y los proveedores.

- **Gestionar Riesgos:** Identificando, evaluando y mitigando los riesgos asociados con los servicios de TI.

- **Mejorar la Experiencia del Cliente:** Asegurando que los servicios de TI satisfagan las necesidades y expectativas de los usuarios y clientes.

Por ejemplo, la práctica de gestión de incidentes busca minimizar el impacto negativo de los incidentes mediante la restauración rápida de los servicios normales. Se aplica identificando, clasificando y resolviendo incidentes con eficiencia, asegurando la continuidad del servicio y la satisfacción del cliente.

Implementación Efectiva de las Prácticas

Para implementar efectivamente las prácticas de ITIL4, las organizaciones deben:

- **Evaluar sus Necesidades:** Determinar qué prácticas son más relevantes para sus objetivos y desafíos específicos.

- **Adaptar las Prácticas:** Personalizar las prácticas para ajustarse a su contexto operativo, teniendo en cuenta su cultura, estructura y tecnología existentes.

- **Fomentar la Colaboración:** Promover la colaboración y la comunicación entre equipos para implementar prácticas de manera cohesiva.

- **Medir y Mejorar:** Establecer métricas para evaluar el éxito de las prácticas implementadas y utilizar los resultados para impulsar la mejora continua.

Las prácticas de ITIL4 son instrumentales en la gestión y entrega de servicios de TI eficaces y alineados con las necesidades del negocio. Al proporcionar un marco detallado y adaptable para la gestión de servicios, estas prácticas permiten a las organizaciones mejorar continuamente sus operaciones, crear valor para los clientes y usuarios, y alcanzar sus objetivos estratégicos. A través de una comprensión profunda y una aplicación cuidadosa de estas prácticas, las organizaciones pueden navegar con éxito el complejo paisaje de la gestión de servicios de TI en el entorno dinámico de hoy.

Detalle de las Practicas

Las 34 prácticas de ITIL4 ofrecen un conjunto amplio de directrices que pueden aplicarse a través de diferentes áreas de gestión de servicios de TI. A continuación, se proporciona una lista con una breve descripción de cada una:

1. Gestión de la Información: Asegura que toda la información necesaria para operar y gestionar los servicios de TI esté disponible donde y cuando sea necesaria.

2. Gestión de Relaciones: Facilita la conexión entre la organización y sus stakeholders para proporcionar un alto valor a través de los servicios.

3. Gestión del Proveedor: Gestiona las relaciones con los proveedores para garantizar que los productos y servicios suministrados apoyen la entrega de servicios.

4. Gestión de la Seguridad de la Información: Protege la información necesaria para operar los servicios y la confidencialidad, integridad y disponibilidad de los datos.

5. Gestión de Recursos Humanos: Asegura que la organización tiene las habilidades y competencias necesarias para cumplir con sus objetivos.

6. Gestión de Medición y Reporte: Proporciona información precisa y útil para la toma de decisiones y la mejora continua.

7. Gestión del Cambio: Facilita los cambios necesarios con mínimo riesgo y perturbación para los servicios de TI.

8. Gestión de Incidentes: Restaura la operación normal de los servicios lo más rápido posible después de un incidente.

9. Gestión de Problemas: Reduce la probabilidad e impacto de los incidentes al identificar y gestionar las causas raíz de los incidentes.

10. Gestión de Liberaciones: Garantiza que los cambios en los servicios y productos de TI se implementen de manera efectiva.

11. Gestión de la Configuración: Mantiene información sobre los elementos de configuración necesarios para entregar los servicios de TI.

12. Gestión de la Continuidad del Servicio: Asegura que la infraestructura de TI pueda recuperarse y continuar después de una interrupción grave.

13. Gestión de la Disponibilidad: Asegura que los servicios de TI satisfagan los niveles de disponibilidad acordados.

14. Gestión de la Capacidad y Rendimiento: Asegura que los servicios y recursos de TI sean capaces de cumplir con los acuerdos de nivel de servicio de una manera sostenible.

15. Gestión de Costes: Optimiza el costo de los servicios y tecnologías de TI.

16. Gestión de la Demanda y Nivel de Servicio: Gestiona las expectativas de los clientes y asegura que los servicios cumplen con los niveles de servicio acordados.

17. Gestión de Riesgos: Identifica y gestiona los riesgos para garantizar que la organización pueda alcanzar sus objetivos.

18. Gestión del Conocimiento: Asegura que la información correcta esté disponible para las personas adecuadas en el momento adecuado para tomar decisiones informadas.

19. Gestión del Trabajo: Administra el flujo de trabajo para facilitar los resultados deseados de manera eficiente.

20. Gestión de la Estrategia: Define la dirección y políticas dentro de las cuales se deben llevar a cabo los procesos de gestión de servicios de TI.

21. Gestión de Cartera: Gestiona los servicios a lo largo de su ciclo de vida para asegurar que satisfagan las necesidades del negocio.

22. Gestión de la Arquitectura: Define los principios y estándares para garantizar que la infraestructura de TI soporte los objetivos del negocio.

23. Gestión de Mejora: Asegura una mejora continua de los servicios, prácticas y procesos.

24. Gestión de Eventos: Identifica y gestiona eventos a lo largo de los servicios de TI.

25. Gestión de Acuerdos: Negocia, gestiona y mantiene acuerdos de nivel de servicio y otros acuerdos de soporte.

26. Gestión de Experiencia del Usuario: Asegura una comprensión y gestión efectivas de las percepciones y experiencias del usuario.

27. Gestión de Activos de Servicio e Implementación: Gestiona los activos necesarios para entregar los servicios.

28. Gestión de la Operación y Escalado: Asegura que los servicios se entreguen y gestionen eficazmente.

29. Gestión del Diseño: Diseña soluciones para satisfacer las necesidades del negocio y los requisitos de los stakeholders.

30. Gestión de la Validación y Prueba: Asegura que los productos y servicios nuevos o modificados cumplan con los requisitos del negocio.

31. Gestión del Cambio Organizacional: Facilita el cambio dentro de la organización para garantizar el éxito del SVS.

32. Gestión de Proyectos: Planifica y ejecuta proyectos para garantizar que se logren los objetivos dentro del alcance, tiempo, costo y calidad acordados.

33. Gestión de Productos: Desarrolla, implementa y retira productos de manera efectiva.

34. Gestión de Servicios de TI: Asegura que los servicios de TI se gestionen de acuerdo con los principios y objetivos del negocio.

Cada práctica se enfoca en diferentes aspectos de la gestión de servicios de TI, brindando un marco para la operación eficiente, la entrega de valor y la mejora continua en la prestación de servicios de TI.

Sección 2.2: Implementación de Prácticas

Introducción

Tras haber explorado la visión general de las prácticas de ITIL4 en la sección anterior, avanzamos hacia un aspecto crucial para cualquier organización de TI que busque adoptar y adaptar ITIL4 en su entorno operativo: la implementación efectiva de prácticas. La Sección 2.2, "Implementación de Prácticas", se centra en proporcionar guías paso a paso para implementar algunas de las prácticas más críticas identificadas dentro del marco de ITIL4.

Esta sección es esencial para comprender no solo la teoría que subyace a estas prácticas sino también cómo se pueden llevar a cabo en el mundo real. Con un enfoque práctico y orientado a la acción, nos adentraremos en el "cómo" de la implementación, desglosando cada práctica seleccionada en pasos concretos, consideraciones clave y recomendaciones para superar los desafíos comunes.

Objetivos de esta Sección

- **Desglosar el Proceso de Implementación:** Proporcionar una estructura clara y detallada para implementar prácticas específicas de ITIL4, facilitando la comprensión de las acciones requeridas en cada etapa.

- **Enfocarse en Prácticas Críticas:** Seleccionar prácticas que son fundamentales para la mayoría de las organizaciones de TI y detallar su implementación, reconociendo su importancia en la entrega y mejora de servicios de TI.

- **Facilitar la Aplicación Práctica:** Ofrecer ejemplos prácticos, consejos y trucos que las organizaciones pueden utilizar para adaptar las prácticas a sus contextos únicos, maximizando su efectividad.

- **Identificar Desafíos y Soluciones:** Reconocer los obstáculos comunes que las organizaciones pueden enfrentar al implementar estas prácticas y proporcionar estrategias para superarlos.

Importancia de la Implementación Efectiva

La correcta implementación de las prácticas de ITIL4 es un paso vital para garantizar que la gestión de servicios de TI se alinee con los objetivos estratégicos del negocio, mejore la eficiencia operativa y aumente la satisfacción del cliente. A través de esta sección, buscamos empoderar a las organizaciones con el conocimiento y las herramientas necesarias para realizar cambios significativos y duraderos en sus operaciones de servicios de TI.

La sección "Implementación de Prácticas" está diseñada para ser una guía indispensable para los profesionales y líderes de TI que están en el camino de adoptar ITIL4. Al proporcionar una comprensión profunda y práctica de cómo implementar efectivamente las prácticas de gestión de servicios de TI, esta sección es un recurso valioso para cualquier organización que busque mejorar su entrega de servicios de TI y lograr la excelencia operativa. Prepárese para sumergirse en el mundo de la implementación de prácticas de ITIL4, donde la teoría se encuentra con la acción y los conceptos se convierten en realidad operativa.

Implementación de Prácticas

La implementación efectiva de las prácticas de ITIL4 es fundamental para cualquier organización que busca mejorar la gestión de sus servicios de TI. Esta sección ofrece guías paso a paso para implementar algunas de las prácticas más críticas dentro del marco de ITIL4, proporcionando un enfoque práctico y estratégico.

Gestión de Incidentes

Objetivo: Restaurar el servicio normal lo más rápido posible para minimizar el impacto negativo en las operaciones del negocio.

1. Preparación:
- Definir qué constituye un incidente.
- Establecer un proceso claro de escalado y resolución.

2. Implementación:
- Crear un equipo de gestión de incidentes con roles y responsabilidades claros.
- Desarrollar plantillas de registro de incidentes para garantizar que se recopile toda la información relevante.

3. Operación:
- Utilizar un sistema de gestión de incidentes para registrar, clasificar y priorizar incidentes.
- Implementar un proceso de comunicación efectivo para informar a

los stakeholders sobre el estado de los incidentes.

4. Revisión y Mejora:

- Realizar revisiones post-incidente para identificar lecciones aprendidas.

- Ajustar el proceso de gestión de incidentes basado en retroalimentación y análisis de tendencias.

Gestión del Cambio

Objetivo: Facilitar cambios beneficiosos con el mínimo riesgo y perturbación para los servicios existentes.

1. Preparación:

- Definir políticas y criterios de riesgo para los cambios.

- Establecer un comité de evaluación de cambios para revisar las
solicitudes.

2. Implementación:

- Desarrollar un proceso para la presentación, revisión y autorización
de solicitudes de cambio.

- Crear planes de implementación detallados, incluyendo pruebas y
planes de contingencia.

3. Operación:

- Implementar cambios en un entorno controlado, con seguimiento y
reporte del progreso.

- Comunicar de manera efectiva con todos los stakeholders antes,
durante y después de la implementación del cambio.

4. Revisión y Mejora:

- Analizar el éxito de los cambios implementados y realizar ajustes según sea necesario.
- Fomentar una cultura de mejora continua y adaptabilidad.

Gestión de la Configuración

Objetivo: Mantener información actualizada y precisa sobre los elementos de configuración (CI) y sus interrelaciones, soportando el control efectivo y la gestión de los servicios de TI.

1. Preparación:
- Identificar y clasificar los CI críticos para los servicios de TI.
- Definir los procesos de gestión del ciclo de vida de los CI.

2. Implementación:
- Utilizar una herramienta de gestión de configuración para registrar y monitorear los CI.
- Establecer relaciones entre los CI para comprender su impacto en los servicios.

3. Operación:
- Realizar auditorías regulares para asegurar la exactitud de la información de configuración.
- Actualizar la CMDB (Base de Datos de Gestión de Configuración) conforme cambian los CI.

4. Revisión y Mejora:
- Evaluar la efectividad de la gestión de configuración en el soporte de la gestión de servicios.
- Implementar mejoras para optimizar la visibilidad y el control sobre los CI.

La implementación de estas prácticas críticas de ITIL4 requiere un compromiso con la mejora continua y la adaptabilidad. Al seguir estos pasos, las organizaciones pueden mejorar significativamente la gestión de servicios de TI, aumentando la eficiencia operativa, reduciendo los riesgos y mejorando la satisfacción del cliente. Estos procesos, aunque desafiantes, ofrecen recompensas significativas en términos de la calidad y confiabilidad de los servicios de TI proporcionados.

Caso de Estudio

Introducción

Después de explorar las guías paso a paso para la implementación de algunas de las prácticas más críticas de ITIL4, es vital ver cómo estos conceptos se traducen en la realidad operativa de una organización. En el "Ejemplo 2", nos sumergiremos en un estudio de caso concreto que ilustra la implementación detallada de prácticas de ITIL4 dentro de una organización específica. Este ejemplo proporcionará una visión práctica y tangible de cómo las prácticas de ITIL4 pueden ser adaptadas y aplicadas para superar desafíos reales, mejorar la gestión de servicios de TI y crear un valor significativo.

Objetivos de esta Sección

- **Contextualizar la Teoría:** Demostrar cómo las prácticas de ITIL4 se aplican en un contexto empresarial real, proporcionando un ejemplo tangible que los lectores pueden relacionar con sus propias experiencias.

- **Mostrar la Aplicación Práctica:** Ofrecer un desglose detallado de cómo una organización específica implementó prácticas de ITIL4, incluyendo la planificación, los desafíos encontrados, las soluciones adoptadas y los resultados obtenidos.

- **Resaltar Lecciones Aprendidas:** Identificar las lecciones clave que se pueden extraer del proceso de implementación, ofreciendo insights valiosos para otras organizaciones que buscan emprender o mejorar su propio viaje de ITIL4.

- **Ilustrar Beneficios Concretos:** Subrayar los beneficios tangibles y mejoras de rendimiento logrados a través de la implementación de prácticas de ITIL4, reforzando la importancia de adaptar y adoptar el marco según las necesidades específicas de la organización.

Importancia de Este Ejemplo

Ver la teoría en acción es crucial para comprender completamente el impacto que ITIL4 puede tener en la gestión de servicios de TI. Este ejemplo detallado servirá como una guía inspiradora y un recurso práctico para las organizaciones en cualquier etapa de su viaje ITIL4. Al compartir un caso de estudio real, buscamos demostrar que, aunque la implementación de ITIL4 puede presentar desafíos, los beneficios de adoptar un enfoque estructurado y coherente para la gestión de servicios de TI son claros y alcanzables.

Este ejemplo detallado no solo ilustrará la implementación práctica de las prácticas de ITIL4, sino que también enfatizará la flexibilidad y adaptabilidad del marco para satisfacer las necesidades únicas de una organización. Al final de esta sección, los lectores estarán mejor equipados para abordar su propia implementación de prácticas de ITIL4, armados con el conocimiento de que el cambio positivo es posible con la planificación, ejecución y mejora continua adecuadas. Prepárate para explorar un viaje transformador que destaca el poder práctico de ITIL4 en la mejora de la entrega de servicios de TI.

Ejemplo 2: Ejemplo Detallado de Implementación de Prácticas en una Organización

Contexto de la Organización

La empresa "GlobalTech Solutions", un proveedor líder de servicios de TI que ofrece soluciones de software y hardware a empresas de todo el mundo, enfrenta desafíos significativos en la gestión de incidentes y cambios, lo que afecta su capacidad para cumplir con los SLA (Acuerdos de Nivel de Servicio) y mantener la satisfacción del cliente.

Desafíos Identificados

- **Gestión de Incidentes Ineficaz:** Tiempos de resolución lentos y una comunicación deficiente con los clientes durante los incidentes.

- **Procesos de Gestión del Cambio Riesgosos:** Los cambios en los servicios de TI a menudo resultan en interrupciones no planificadas, afectando negativamente a los usuarios finales.

Implementación de Prácticas de ITIL4

Gestión de Incidentes

1. **Evaluación Inicial:** GlobalTech realizó un análisis de la situación actual, identificando las principales deficiencias en su proceso de gestión de incidentes.

2. **Formación y Concienciación:** Se proporcionó formación específica sobre la gestión de incidentes de ITIL4 a todo el personal relevante para asegurar una comprensión uniforme de los procedimientos y objetivos.

3. **Establecimiento de un Punto Único de Contacto (Service Desk):** Se creó un Service Desk como el punto central para reportar incidentes, mejorando la comunicación con los usuarios y la recopilación de datos.

4. **Implementación de una Herramienta de Gestión de Incidentes:** Se seleccionó e implementó una herramienta de TI para automatizar el registro, seguimiento y resolución de incidentes.

5. **Monitorización y Mejora Continua:** Se establecieron KPIs (Indicadores Clave de Rendimiento) para medir la eficacia del proceso de gestión de incidentes, utilizando los datos recopilados para la mejora continua.

Gestión del Cambio

1. **Revisión del Proceso de Cambio Existente:** Se analizaron los procesos de cambio actuales para identificar áreas de riesgo y oportunidades de mejora.

2. **Desarrollo de un Marco de Gestión del Cambio:** Se creó un nuevo marco basado en las prácticas de ITIL4, incluyendo la evaluación de riesgos, la planificación y la autorización de cambios.

3. Capacitación en Gestión del Cambio: El personal implicado en los procesos de cambio recibió formación específica sobre el nuevo marco y procedimientos.

4. Implementación de Revisiones Post-Cambio: Se introdujo un proceso para revisar y evaluar la eficacia de cada cambio, permitiendo la recopilación de aprendizajes y la mejora continua.

5. Comunicación y Gestión de Stakeholders: Se mejoró la comunicación con los stakeholders sobre los cambios planificados, incluyendo el impacto esperado y los beneficios.

Resultados Alcanzados

- Mejora en la Resolución de Incidentes: La implementación de un proceso de gestión de incidentes más estructurado y la utilización de una herramienta dedicada resultaron en una reducción del 50% en el tiempo medio de resolución.

- Reducción de Interrupciones por Cambios: El nuevo marco de gestión del cambio llevó a una disminución del 40% en las interrupciones no planificadas, aumentando la estabilidad de los servicios de TI.

- Aumento de la Satisfacción del Cliente: Las mejoras en la gestión de incidentes y cambios se tradujeron en un aumento significativo de la satisfacción del cliente, medido a través de encuestas y retroalimentación directa.

Conclusión

La experiencia de GlobalTech Solutions demuestra el impacto positivo que la implementación de prácticas de ITIL4 puede tener en una organización de TI. Al abordar áreas críticas como la gestión de incidentes y cambios con un enfoque estructurado y basado en mejores prácticas, las organizaciones pueden mejorar significativamente la eficiencia operativa, la estabilidad de los servicios y la satisfacción del cliente. Este ejemplo subraya la importancia de la formación, la herramienta adecuada y la mejora continua en la adopción exitosa de ITIL4.

Capítulo 3: Planificación y Estrategia

Introducción

Tras profundizar en el Sistema de Valor del Servicio (SVS) y explorar ejemplos detallados de implementación de prácticas críticas de ITIL4, el siguiente paso en nuestro viaje hacia la excelencia en la gestión de servicios de TI nos lleva a la crucial fase de "Planificación y Estrategia". Este capítulo está dedicado a orientar a las organizaciones en cómo planificar eficazmente y desarrollar estrategias robustas que alineen la gestión de servicios de TI con los objetivos de negocio a largo plazo.

La planificación y estrategia adecuadas son fundamentales para garantizar que la gestión de servicios de TI no solo sea reactiva a los problemas a medida que surgen, sino que también sea proactiva en la anticipación de las necesidades futuras del negocio y las demandas del mercado. Este enfoque estratégico permite a las organizaciones de TI ser más ágiles, resilientes y capaces de ofrecer un valor continuo y mejorado a sus clientes y usuarios.

Objetivos del Capítulo

- Establecer una Visión Clara: Definir una visión estratégica para la gestión de servicios de TI que se alinee con la dirección general del negocio.

- Desarrollar un Marco Estratégico: Crear un marco que guíe la toma de decisiones, la asignación de recursos y la implementación de prácticas de gestión de servicios de TI.

- Planificar para el Futuro: Identificar tendencias emergentes y anticipar cambios en el entorno de TI para asegurar que la organización permanezca relevante y competitiva.

- Crear Planes de Acción Efectivos: Desarrollar planes detallados que traduzcan la estrategia en acciones concretas, estableciendo metas claras, plazos y responsabilidades.

Importancia de la Planificación y Estrategia

Sin una planificación y estrategia efectivas, las organizaciones de TI corren el riesgo de perderse en operaciones cotidianas, sin una dirección clara hacia el futuro. Una estrategia bien definida y un plan de acción detallado son esenciales para:

- Alinear la TI con el Negocio: Asegurar que las iniciativas de TI apoyen directamente los objetivos del negocio y contribuyan al éxito organizacional.

- Gestionar el Cambio Eficazmente: Navegar por el cambio tecnológico y organizacional de manera proactiva, minimizando las interrupciones y maximizando las oportunidades.

- **Mejorar la Toma de Decisiones:** Proporcionar un marco para tomar decisiones informadas que soporten los objetivos estratégicos a largo plazo.

- **Incrementar la Eficiencia y Efectividad:** Optimizar el uso de recursos y mejorar continuamente los procesos y servicios de TI.

Conclusión

El capítulo sobre "Planificación y Estrategia" es un llamado a la acción para los líderes de TI y las organizaciones que buscan no solo gestionar sus servicios de TI de manera efectiva sino también posicionarse estratégicamente para el futuro. A través de una cuidadosa planificación y el desarrollo de estrategias sólidas, las organizaciones pueden asegurar que estén preparadas para enfrentar los desafíos y aprovechar las oportunidades que surgen en el dinámico mundo de la tecnología de la información. Prepárese para explorar cómo la planificación y la estrategia pueden transformar la gestión de servicios de TI de una función operativa a un motor estratégico de cambio y crecimiento dentro de su organización.

Sección 3.1: Evaluación de la Madurez Organizacional

Introduction

En la travesía hacia una gestión de servicios de TI estratégica y efectiva, comprender el punto de partida actual de su organización es fundamental. La Sección 3.1, "Evaluación de la Madurez Organizacional", se centra en este crucial primer paso: determinar el nivel de madurez de la gestión de TI de su organización. Esta evaluación es esencial para identificar las áreas de fortaleza y aquellas que requieren desarrollo, permitiendo una planificación y estrategia más informadas.

La madurez organizacional en TI no solo refleja la capacidad actual para entregar y gestionar servicios de TI, sino que también indica cuán bien está posicionada una organización para adaptarse y responder a los cambios del entorno y las demandas del negocio. Por lo tanto, esta sección guiará a las organizaciones a través del proceso de evaluar su madurez de TI, utilizando marcos y herramientas establecidos que pueden ofrecer insights valiosos sobre cómo avanzar efectivamente hacia sus objetivos estratégicos.

Objetivos de esta Sección

- **Comprender la Importancia de la Madurez Organizacional:** Destacar por qué es crítico evaluar la madurez de TI y cómo esta evaluación influye en la planificación estratégica.

- **Introducir Métodos de Evaluación:** Presentar diferentes marcos y herramientas disponibles para evaluar la madurez de TI, incluyendo sus beneficios y limitaciones.

- **Guía Paso a Paso para la Evaluación:** Ofrecer un enfoque estructurado para llevar a cabo una evaluación de madurez, desde la preparación hasta la ejecución y análisis de resultados.

- **Identificar Áreas de Mejora:** Ayudar a las organizaciones a interpretar los resultados de la evaluación para identificar áreas clave de mejora y oportunidades de crecimiento.

Importancia de la Evaluación de la Madurez Organizacional

La evaluación de la madurez de TI es más que un ejercicio de cumplimiento; es una oportunidad para obtener una visión clara y objetiva de las capacidades actuales y las áreas de mejora. Esta comprensión profunda es esencial para:

- **Alinear la TI con los Objetivos del Negocio:** Asegurar que las capacidades de TI soporten directamente los objetivos y estrategias del negocio.

- **Priorizar Inversiones en TI:** Dirigir recursos y esfuerzos hacia las áreas que más impactarán en la madurez y eficacia de la TI.

- **Fomentar la Mejora Continua:** Establecer un punto de referencia para la madurez de TI que permita a las organizaciones medir el progreso a lo largo del tiempo.

 La sección sobre "Evaluación de la Madurez Organizacional" es un punto de partida crítico para cualquier organización que busque mejorar su gestión de servicios de TI. Al entender dónde se encuentra su organización en el espectro de madurez, puede planificar con mayor precisión el camino hacia la excelencia en la gestión de servicios de TI, adaptándose a las necesidades cambiantes del negocio y del mercado tecnológico. Esta sección proveerá las herramientas y conocimientos necesarios para evaluar y entender la madurez actual de su organización en TI, sentando las bases para un desarrollo estratégico informado y efectivo.

Evaluación de la Madurez Organizacional

La evaluación de la madurez organizacional en TI es un proceso sistemático que mide la capacidad de una organización para gestionar y mejorar continuamente sus servicios y procesos de TI. Este análisis es crucial para entender el estado actual de la gestión de servicios de TI y planificar con eficacia el camino hacia la mejora y la excelencia operativa. A continuación, se describe cómo llevar a cabo una evaluación efectiva de la madurez de TI en su organización.

Paso 1: Definir el Alcance de la Evaluación

El primer paso es definir claramente el alcance de la evaluación. Esto incluye determinar qué áreas de la gestión de servicios de TI se evaluarán y establecer los objetivos específicos de la evaluación. El alcance puede variar desde una revisión de un único proceso de TI hasta una evaluación integral de todas las prácticas de gestión de servicios de TI.

Paso 2: Seleccionar un Marco de Referencia

Elija un marco de referencia o Sistema demadurez para guiar la evaluación. Modelos como CMMI (Capability Maturity Model Integration) o el propio marco de madurez de ITIL pueden proporcionar una estructura para evaluar los niveles de madurez, desde procesos iniciales y ad hoc hasta procesos optimizados y gestionados de forma proactiva.

Paso 3: Realizar la Evaluación

La evaluación puede llevarse a cabo mediante una combinación de encuestas, entrevistas, revisiones de documentos y observaciones de los procesos en acción. Es importante involucrar a una variedad de stakeholders, incluidos el personal de TI, los usuarios finales y la alta dirección, para obtener una visión completa de la madurez de la gestión de servicios de TI.

Paso 4: Analizar los Resultados

Una vez recopilados los datos, analice los resultados para identificar las fortalezas y debilidades de la organización en términos de madurez de TI. Compare los hallazgos con el marco de referencia seleccionado para determinar el nivel de madurez actual de cada área evaluada.

Paso 5: Identificar Áreas de Mejora

Utilice los resultados de la evaluación para identificar áreas específicas que necesitan mejora. Establezca prioridades para estas áreas basándose en su impacto en los objetivos de negocio y en la eficiencia operativa de la TI.

Paso 6: Desarrollar un Plan de Acción

Desarrolle un plan de acción detallado para abordar las áreas de mejora identificadas. El plan debe incluir objetivos específicos, iniciativas de mejora, recursos necesarios, responsables de la implementación y plazos.

Paso 7: Implementar Mejoras y Monitorear el Progreso

Comience a implementar las mejoras según el plan de acción. Monitoree el progreso regularmente y ajuste el plan según sea necesario. La evaluación de la madurez debe ser un proceso continuo, con evaluaciones periódicas para medir el progreso y ajustar las estrategias de mejora.

La evaluación de la madurez organizacional en TI es un paso esencial en el camino hacia una gestión de servicios de TI más efectiva y alineada estratégicamente. Al entender el estado actual de su madurez en TI, las organizaciones pueden planificar de manera más efectiva las iniciativas de mejora, optimizar sus procesos y servicios, y mejor alinear la TI con los objetivos de negocio. Este proceso no solo ayuda a identificar áreas para la mejora continua sino que también establece una base para el éxito a largo plazo en la entrega de servicios de TI.

Sección 3.2: Definición de Objetivos y Estrategias de Implementación

Introducción

Tras evaluar la madurez organizacional de TI, el siguiente paso esencial en la orquestación de una gestión de servicios de TI efectiva y estratégicamente alineada es la definición de objetivos claros y la formulación de estrategias para alcanzarlos. La Sección 3.2, "Definición de Objetivos y Estrategias de Implementación", se sumerge en cómo las organizaciones pueden establecer metas realistas y desarrollar planes de acción concretos para guiar sus esfuerzos hacia resultados exitosos.

Esta sección es fundamental para transformar las evaluaciones y análisis de madurez en acciones tangibles y progreso medible. Aquí, exploraremos cómo identificar y priorizar objetivos que no solo reflejen las necesidades y capacidades actuales de la organización, sino que también impulsen una mejora continua y el logro de la excelencia en la gestión de servicios de TI.

Objetivos de esta Sección

- **Establecer Objetivos Claros:** Aprender a definir objetivos específicos, medibles, alcanzables, relevantes y temporales (SMART) que estén alineados con la visión estratégica de la organización y sus necesidades de negocio.

- **Desarrollar Estrategias de Implementación:** Explorar cómo crear estrategias efectivas que detallen el camino hacia el logro de estos objetivos, incluyendo la asignación de recursos, la definición de responsabilidades y la planificación de tiempos.

- **Priorización y Alineación:** Discutir la importancia de priorizar objetivos basados en su impacto potencial y alinear las estrategias de implementación con las capacidades y recursos disponibles de la organización.

- **Monitoreo y Ajuste:** Subrayar la necesidad de establecer métricas y KPIs para monitorear el progreso hacia los objetivos y la flexibilidad para ajustar las estrategias en respuesta a cambios en el entorno o en la organización.

Importancia de Definir Objetivos y Estrategias

Sin objetivos claros y estrategias bien definidas, las organizaciones pueden encontrarse navegando sin una dirección específica, lo que a menudo resulta en esfuerzos desperdiciados, oportunidades perdidas y una incapacidad para responder efectivamente a los desafíos emergentes. Al establecer metas realistas y diseñar planes estratégicos para alcanzarlas, las organizaciones pueden:

- **Asegurar la Alineación Estratégica:** Garantizar que todos los esfuerzos de TI estén alineados con los objetivos y estrategias generales del negocio.

- **Mejorar la Efectividad Operativa:** Focalizar recursos y energías en iniciativas que ofrecen el mayor impacto en la mejora de servicios y la satisfacción del cliente.

- **Fomentar la Innovación y la Mejora Continua:** Crear un entorno que apoye la innovación y aliente la búsqueda constante de mejoras en la gestión de servicios de TI.

La definición de objetivos y estrategias de implementación es un paso crítico que actúa como puente entre la comprensión de la posición actual de una organización y la realización de su visión de futuro para la gestión de servicios de TI. Esta sección proveerá las herramientas y conocimientos necesarios para planificar con éxito el camino hacia la mejora y el éxito sostenido, asegurando que la gestión de servicios de TI se realice de manera estratégica, efectiva y alineada con las metas de negocio más amplias. Prepárate para explorar cómo establecer objetivos significativos y desarrollar estrategias robustas para alcanzarlos, marcando la diferencia en la capacidad de tu organización para entregar valor a través de sus servicios de TI.

Definición de Objetivos y Estrategias de Implementación

Después de evaluar la madurez organizacional, el siguiente paso esencial en la gestión de servicios de TI es la definición precisa de objetivos y la formulación de estrategias efectivas para alcanzarlos. Esta sección profundiza en cómo las organizaciones pueden establecer metas realistas y desarrollar planes de acción concretos que guíen sus esfuerzos hacia resultados exitosos.

Establecimiento de Objetivos Realistas

El proceso de establecimiento de objetivos comienza con la definición de metas específicas, medibles, alcanzables, relevantes y temporales (SMART). Estos objetivos deben estar alineados con la visión estratégica de la organización y sus necesidades de negocio. Un objetivo bien definido podría ser, por ejemplo, "Reducir el tiempo medio de resolución de incidentes en un 25% en el próximo año", lo que es específico, medible, alcanzable, relevante para la mejora del servicio y limitado en el tiempo.

Pasos para Establecer Objetivos:

1. **Revisión Estratégica:** Comprender la dirección estratégica de la organización y cómo la gestión de servicios de TI puede soportarla.

2. **Identificación de Necesidades:** Analizar las necesidades de negocio actuales y futuras, así como las expectativas de los clientes y usuarios finales.

3. **Evaluación de Capacidad:** Considerar las capacidades actuales de TI

y cómo pueden ser mejoradas o ampliadas para alcanzar los objetivos propuestos.

4. Definición de Objetivos SMART: Formular objetivos que sean claros, medibles y con plazos establecidos, asegurando que sean entendidos y aceptados por todos los stakeholders.

Estrategias para Alcanzarlos

Una vez establecidos los objetivos, el siguiente paso es desarrollar estrategias de implementación que detallen cómo se alcanzarán estas metas. Una estrategia efectiva aborda la asignación de recursos, define responsabilidades claras y establece un cronograma para la implementación.

Elementos Clave de una Estrategia Efectiva:

1. Asignación de Recursos: Determinar qué recursos son necesarios para alcanzar los objetivos, incluyendo personal, tecnología y financiamiento.

2. Plan de Acción Detallado: Desarrollar un plan que describa las actividades específicas, los hitos y los plazos para alcanzar cada objetivo.

3. Gestión de Riesgos: Identificar posibles riesgos asociados con la estrategia propuesta y planificar cómo mitigarlos.

4. Comunicación Efectiva: Asegurar que todos los involucrados comprendan los objetivos y sus roles en la implementación de la estrategia.

5. Monitoreo y Ajuste: Establecer métricas y KPIs para monitorear el progreso y hacer ajustes en la estrategia según sea necesario.

Implementación y Monitoreo

La implementación de la estrategia requiere una ejecución disciplinada y un monitoreo continuo para asegurar que los objetivos se estén alcanzando según lo planeado. Es fundamental establecer un ciclo de retroalimentación que permita ajustes y refinamientos en tiempo real, garantizando así la alineación continua con las metas establecidas.

La definición de objetivos claros y la formulación de estrategias efectivas para alcanzarlos son pasos cruciales en la gestión de servicios de TI. Al establecer metas realistas y desarrollar planes estratégicos detallados, las organizaciones pueden asegurar que sus esfuerzos de gestión de TI estén alineados con los objetivos del negocio, mejorando así la entrega de servicios y el valor proporcionado a los clientes. Esta sección ha proporcionado una guía para navegar estos procesos críticos, desde la conceptualización hasta la implementación, asegurando que las organizaciones estén equipadas para alcanzar el éxito en sus iniciativas de TI.

Caso de Estudio

Introducción

Después de haber explorado cómo evaluar la madurez organizacional y definir objetivos y estrategias para alcanzarlos, el siguiente paso lógico en nuestro viaje hacia una gestión de servicios de TI efectiva y estratégica es examinar un caso práctico. En el "Ejemplo 3", nos enfocaremos en la planificación estratégica para la adopción de ITIL4 en una empresa mediana, proporcionando un modelo detallado que ilustre cómo una organización puede abordar este desafío transformador.

La implementación de ITIL4 presenta una oportunidad única para las empresas medianas de estandarizar y mejorar sus procesos de gestión de servicios de TI, alineando mejor las operaciones de TI con los objetivos del negocio y mejorando la entrega de valor a los clientes. Este ejemplo detallado demuestra cómo una empresa mediana puede navegar por el proceso de adopción de ITIL4, desde la fase de planificación inicial hasta la implementación y más allá.

Objetivos de esta Sección

- **Ilustrar el Proceso de Planificación:** Mostrar cómo una empresa mediana puede comenzar su viaje hacia la adopción de ITIL4, estableciendo una estrategia clara y un plan de acción.

- **Enfocarse en Aspectos Clave:** Destacar los elementos críticos a considerar durante la planificación, tales como la evaluación de la madurez actual, la definición de objetivos específicos de la adopción de ITIL4 y la identificación de recursos necesarios.

- **Proporcionar un Caso Práctico:** Ofrecer un ejemplo realista y práctico de cómo se puede estructurar y ejecutar la adopción de ITIL4, incluyendo desafíos comunes y soluciones efectivas.

- Subrayar la Importancia de la Mejora Continua: Demostrar que la adopción de ITIL4 es un proceso continuo, enfatizando la necesidad de evaluación y ajuste regular para asegurar el éxito a largo plazo.

Importancia de Este Ejemplo

Para las empresas medianas que buscan adoptar ITIL4, comprender el enfoque estratégico y los pasos prácticos necesarios es esencial para garantizar una transición suave y exitosa. Este ejemplo proporciona una guía valiosa, mostrando la aplicación práctica de los conceptos discutidos en secciones anteriores y cómo estos se traducen en acciones concretas y resultados medibles.

El "Ejemplo 3" sirve como un caso de estudio inspirador para las empresas medianas que se embarcan en el camino hacia la adopción de ITIL4. Al seguir este modelo detallado, las organizaciones pueden esperar no solo superar los desafíos asociados con la implementación de un marco de gestión de servicios de TI, sino también maximizar los beneficios de una gestión de servicios más eficiente, efectiva y alineada con los objetivos empresariales. Este ejemplo demuestra que, con la planificación adecuada y un enfoque estratégico, la adopción de ITIL4 puede conducir a mejoras significativas en la capacidad de una organización para entregar valor a través de sus servicios de TI.

Ejemplo 3: Planificación Estratégica para la Adopción de ITIL4 en una Empresa Mediana

Contexto de la Empresa

"Soluciones Innovadoras", una empresa mediana en el sector tecnológico, enfrenta desafíos en términos de eficiencia operativa y alineación entre sus servicios de TI y las necesidades del negocio. Reconociendo la necesidad de mejorar, la empresa decide adoptar ITIL4 para estandarizar sus procesos de gestión de servicios de TI y mejorar la entrega de valor a sus clientes.

Fase de Preparación

1. Evaluación Inicial: La empresa realiza una evaluación de la madurez de sus procesos actuales de TI para identificar áreas de mejora y establecer una línea base.

2. Concienciación y Formación: Se inicia un programa de formación para asegurar que el equipo de TI comprenda los principios y prácticas de ITIL4, enfatizando la importancia de la gestión de servicios para el negocio.

3. Establecimiento de Objetivos: "Soluciones Innovadoras" define objetivos claros para la adopción de ITIL4, incluyendo la mejora de la gestión de incidentes, la implementación de la gestión de cambios y la mejora en la comunicación de servicios con los usuarios finales.

Planificación Estratégica

1. **Desarrollo de un Plan de Implementación:** Basándose en los objetivos establecidos, la empresa desarrolla un plan de implementación detallado, asignando recursos y estableciendo plazos para cada etapa del proceso de adopción.

2. **Selección de Prácticas de ITIL4:** "Soluciones Innovadoras" selecciona prácticas específicas de ITIL4 para implementar en las primeras fases, como la gestión de incidentes y la gestión de cambios, para abordar áreas críticas de mejora.

3. **Herramientas y Tecnología:** La empresa evalúa y selecciona herramientas de software que soportarán la implementación de ITIL4, asegurando que estas herramientas sean compatibles con los procesos y prácticas seleccionados.

Implementación

1. **Implementación Piloto:** Se lanza una fase piloto, comenzando con la práctica de gestión de incidentes, para probar y ajustar el enfoque antes de un despliegue más amplio.

2. **Comunicación y Participación de Stakeholders:** Se mantiene una comunicación continua con todos los stakeholders para informar sobre el progreso, recoger retroalimentación y ajustar el plan según sea necesario.

3. **Evaluación y Ajuste:** Después de la fase piloto, la empresa evalúa los resultados, identifica lecciones aprendidas y ajusta el plan de implementación para futuras fases.

Monitoreo y Mejora Continua

1. Establecimiento de Métricas y KPIs: Se establecen métricas y KPIs para medir el éxito de la adopción de ITIL4, permitiendo un seguimiento continuo del rendimiento y la identificación de áreas para mejora continua.

2. Revisión y Ajuste Estratégico: "Soluciones Innovadoras" revisa regularmente su estrategia de ITIL4 a la luz de los resultados obtenidos y las cambiantes necesidades del negocio, ajustando su enfoque según sea necesario.

Resultados y Beneficios

Tras la implementación de ITIL4, "Soluciones Innovadoras" experimenta mejoras significativas en la eficiencia operativa y la alineación de TI con las necesidades del negocio. La gestión de incidentes se vuelve más rápida y efectiva, la implementación de cambios es más fluida y controlada, y la satisfacción del usuario final mejora notablemente.

Conclusión

La adopción de ITIL4 por parte de "Soluciones Innovadoras" demuestra cómo una planificación estratégica cuidadosa y una implementación considerada pueden transformar la gestión de servicios de TI en una empresa mediana. Este ejemplo ilustra la importancia de establecer objetivos claros, planificar meticulosamente, involucrar a todos los stakeholders y adoptar un enfoque de mejora continua para maximizar los beneficios de ITIL4.

Capítulo 4: Transición y Operación

Introducción

Después de sumergirnos en la planificación estratégica y la adopción de ITIL4 en nuestra empresa, avanzamos hacia el siguiente pilar crucial en la gestión efectiva de servicios de TI: la Transición y Operación. El Capítulo 4 se centra en estas fases vitales que sirven de puente entre la planificación estratégica inicial y la entrega continua de valor a través de los servicios de TI operativos. Esta sección es donde la "goma se encuentra con el camino", donde las estrategias y planes se convierten en acciones concretas y resultados tangibles.

La transición y la operación son momentos críticos en el ciclo de vida de los servicios de TI, donde los servicios y procesos diseñados y desarrollados son implementados y gestionados en el entorno de producción. Aquí, la teoría y la estrategia se encuentran con la práctica y la realidad operativa, lo que requiere un enfoque cuidadoso para asegurar que los servicios de TI no solo se entreguen según lo prometido, sino que continúen evolucionando y mejorando para satisfacer las necesidades cambiantes del negocio y de los usuarios.

Objetivos del Capítulo

- **Explorar la Gestión de la Transición de Servicios:** Profundizar en cómo las organizaciones pueden gestionar eficazmente la transición de nuevos o modificados servicios de TI al entorno operativo, asegurando que sean entregados de manera eficiente, efectiva y sin interrupciones innecesarias.

- **Entender la Operación de Servicios:** Discutir las prácticas clave para la operación diaria de los servicios de TI, enfocándose en la entrega y soporte de servicios que cumplen con los niveles de servicio acordados y las expectativas de los usuarios.

- **Afrontar Desafíos Comunes:** Identificar los desafíos comunes que surgen durante las fases de transición y operación y explorar estrategias para abordarlos.

- **Promover la Mejora Continua:** Destacar la importancia de la mejora continua durante la operación de servicios, garantizando que los servicios de TI sigan siendo relevantes, eficientes y alineados con los objetivos del negocio.

Importancia de la Transición y Operación

La transición y operación efectivas son esenciales para el éxito a largo plazo de la gestión de servicios de TI. Estas fases aseguran que los planes estratégicos y los diseños de servicios se implementen de manera que maximicen el valor para el negocio y sus clientes. Una gestión cuidadosa de estas fases puede significar la diferencia entre el éxito y el fracaso de los servicios de TI, impactando directamente en la percepción del valor de TI dentro de la organización.

El Capítulo 4, "Transición y Operación", es fundamental para cualquier organización que busque entregar y gestionar servicios de TI de manera efectiva. A través de este capítulo, las organizaciones aprenderán a navegar las complejidades de llevar los servicios desde el concepto hasta la realidad operativa, y cómo gestionar esos servicios diariamente para asegurar que continúen entregando el valor esperado. Prepárate para explorar las prácticas, procesos y estrategias que hacen posible la entrega exitosa de servicios de TI, marcando la diferencia en la capacidad de tu organización para cumplir y superar las expectativas del servicio.

Sección 4.1: Gestión del Cambio

Introducción

En el dinámico mundo de la tecnología de la información, la capacidad de una organización para adaptarse y gestionar el cambio de manera eficaz es crucial para su éxito y supervivencia. La Sección 4.1, "Gestión del Cambio: Técnicas y estrategias para una gestión eficaz del cambio", aborda este aspecto fundamental, centrándose en cómo las organizaciones pueden implementar cambios en sus servicios y procesos de TI de manera que minimicen los riesgos y maximicen los beneficios.

La gestión eficaz del cambio es un componente esencial dentro de la transición y operación de servicios de TI. Abarca desde cambios menores, como actualizaciones de software, hasta transformaciones organizacionales significativas. Esta sección explora las metodologías, herramientas y prácticas recomendadas que facilitan una transición suave durante los periodos de cambio, asegurando la continuidad del servicio y la alineación con los objetivos estratégicos del negocio.

Objetivos de esta Sección

- **Comprender la Importancia de la Gestión del Cambio:** Reconocer por qué una gestión del cambio efectiva es vital para la entrega exitosa de servicios de TI y la realización de beneficios estratégicos.

- **Identificar Técnicas y Estrategias:** Explorar diferentes enfoques y técnicas para gestionar el cambio dentro de las organizaciones de TI, incluyendo modelos de gestión del cambio, herramientas de evaluación de impacto y estrategias de comunicación.

- **Desarrollar un Marco Efectivo:** Proporcionar un marco estructurado para planificar e implementar cambios, desde la evaluación y preparación hasta la ejecución y revisión post-implementación.

- **Mitigar Riesgos y Resistencia:** Discutir cómo anticipar y abordar los desafíos comunes en la gestión del cambio, incluyendo la resistencia al cambio y los riesgos operativos.

Importancia de la Gestión del Cambio

En la intersección entre la transición y la operación, la gestión del cambio sirve como una herramienta crítica para asegurar que las modificaciones en los servicios y procesos de TI se realicen sin interrumpir innecesariamente las operaciones o comprometer la calidad del servicio. Una gestión del cambio efectiva no solo reduce la posibilidad de resultados negativos sino que también promueve la adaptabilidad y la capacidad de respuesta organizacional frente a las demandas cambiantes del mercado y las oportunidades tecnológicas emergentes.

La Sección 4.1, "Gestión del Cambio", proporciona una visión integral sobre cómo abordar eficazmente los cambios dentro de las organizaciones de TI. Al seguir las técnicas y estrategias presentadas, las organizaciones pueden mejorar significativamente su capacidad para implementar cambios de manera efectiva, asegurando al mismo tiempo que se mantienen alineadas con sus objetivos estratégicos y se minimizan los riesgos asociados. Prepárate para sumergirte en el arte y la ciencia de la gestión del cambio, un componente indispensable para cualquier organización que busque prosperar en el siempre cambiante entorno de la tecnología de la información.

Gestión del Cambio: Técnicas y estrategias para una gestión eficaz del cambio

La gestión del cambio es una disciplina crítica dentro de la gestión de servicios de TI, enfocada en asegurar que todos los cambios en la infraestructura de TI, servicios, procesos y procedimientos se realicen de manera controlada, eficiente y con mínima interrupción. Esta sección explora las técnicas y estrategias fundamentales para implementar una gestión del cambio efectiva en el contexto de ITIL4.

Identificación de Cambios

Antes de implementar cualquier cambio, es crucial identificar claramente su alcance, objetivos y los recursos necesarios. Esto incluye:

- **Definición del Cambio:** Clarificar qué se cambiará, por qué es necesario el cambio y cuáles son los resultados esperados.

- Evaluación del Impacto y Riesgo: Determinar cómo el cambio afectará a los servicios actuales, la infraestructura de TI, los procesos y los usuarios finales, además de identificar posibles riesgos asociados.

Planificación del Cambio

Una planificación detallada es esencial para la gestión exitosa del cambio. Los elementos clave incluyen:

- Desarrollo de un Plan de Cambio: Crear un plan detallado que incluya acciones específicas, responsables, plazos y recursos requeridos.

- Comunicación: Diseñar un plan de comunicación que asegure que todos los stakeholders estén informados sobre el cambio, incluyendo su propósito, beneficios esperados y cómo se gestionarán los impactos.

Implementación del Cambio

La ejecución eficaz del cambio requiere una coordinación meticulosa y seguimiento. Aspectos importantes a considerar son:

- Ejecución Según el Plan: Seguir el plan de cambio detalladamente, asegurando que todos los pasos se completen según lo previsto.

- Gestión de la Resistencia: Identificar y abordar cualquier resistencia al cambio por parte de los usuarios o miembros de la organización, utilizando tácticas como la formación y el apoyo continuo.

Evaluación y Revisión

Después de implementar el cambio, es fundamental evaluar su éxito y aprender de la experiencia:

- **Revisión Post-Implementación:** Evaluar si los objetivos del cambio se han logrado, analizar si se han producido desviaciones y determinar si hay áreas de mejora.

- **Captura de Aprendizajes:** Documentar lecciones aprendidas y buenas prácticas para informar futuras iniciativas de cambio.

Herramientas y Técnicas

- **Software de Gestión del Cambio:** Utilizar herramientas especializadas para rastrear y gestionar cambios, proporcionando una visión clara de cada cambio, su estado y su impacto.

- **Matrices de Evaluación de Impacto:** Emplear matrices para evaluar sistemáticamente el impacto y el riesgo de los cambios propuestos.

- **Metodologías Ágiles:** Aplicar enfoques ágiles para gestionar cambios menores de manera rápida y eficaz, permitiendo iteraciones rápidas y adaptaciones basadas en la retroalimentación.

La gestión eficaz del cambio es fundamental para garantizar que las organizaciones de TI puedan adaptarse y evolucionar en respuesta a las demandas internas y externas. Al adoptar un enfoque estructurado para la gestión del cambio, que incluya una planificación cuidadosa, implementación controlada y revisión exhaustiva, las organizaciones pueden minimizar los riesgos asociados con el cambio, maximizar los beneficios y asegurar la continuidad y calidad del servicio. Las técnicas y estrategias descritas en esta sección proporcionan una base sólida para una gestión del cambio exitosa, permitiendo a las organizaciones navegar con confianza en el dinámico entorno de TI.

Sección 4.2: Operaciones del Servicio

Introducción

Una vez establecido el marco para una gestión eficaz del cambio, el siguiente paso en el ciclo de vida de los servicios de TI es garantizar que las operaciones del servicio se ejecuten de manera que estén alineadas con los principios y prácticas de ITIL4. La Sección 4.2, "Operaciones del Servicio: Mantenimiento de operaciones de TI alineadas con ITIL4", se centra en este aspecto crucial, proporcionando una guía detallada para mantener y mejorar las operaciones de TI diarias dentro del contexto de ITIL4.

Las operaciones del servicio son el corazón de la gestión de servicios de TI, donde los servicios diseñados y transicionados se entregan y soportan de manera continua. Esta fase es crítica para asegurar que los servicios de TI no solo cumplan con los acuerdos de nivel de servicio (SLA) y las expectativas de los usuarios sino que también contribuyan de manera efectiva a los objetivos estratégicos más amplios de la organización. Aquí, la teoría se convierte en práctica, y los servicios de TI se viven en la realidad cotidiana de usuarios y clientes.

Objetivos de esta Sección

- **Entender el Alcance de las Operaciones del Servicio:** Definir qué comprenden las operaciones del servicio dentro del marco de ITIL4 y su importancia para la entrega efectiva de servicios.

- **Alinear las Operaciones con ITIL4:** Explorar cómo las prácticas recomendadas por ITIL4 pueden aplicarse para optimizar las operaciones de servicio diarias, desde la gestión de incidentes y solicitudes hasta la gestión de eventos y problemas.

- **Garantizar la Continuidad y Calidad del Servicio:** Discutir estrategias para mantener la continuidad del servicio y la calidad en la entrega del servicio, incluso en el caso de desafíos y cambios.

- **Medir y Mejorar las Operaciones de Servicio:** Proporcionar un enfoque estructurado para medir el rendimiento de las operaciones de servicio y aplicar principios de mejora continua.

Importancia de las Operaciones del Servicio

Las operaciones de servicio efectivas son fundamentales para la percepción del valor de TI por parte de la organización y sus clientes. Una gestión cuidadosa de esta fase asegura que los servicios de TI sean confiables, estén disponibles cuando se necesiten y se adapten rápidamente a las cambiantes demandas del negocio y los usuarios. Sin operaciones de servicio alineadas con los principios de ITIL4, las organizaciones corren el riesgo de ineficiencias, interrupciones del servicio y una desconexión entre TI y los objetivos empresariales.

La Sección 4.2, "Operaciones del Servicio", es crucial para cualquier organización que busque no solo implementar ITIL4 sino vivirlo como una filosofía integrada en sus operaciones diarias. A través de esta sección, las organizaciones aprenderán a aplicar las prácticas de ITIL4 en el contexto de sus operaciones de servicio, asegurando que los servicios de TI sean entregados de manera eficiente, efectiva y alineada con las necesidades y objetivos del negocio. Prepárate para explorar cómo las operaciones de servicio pueden ser transformadas mediante la aplicación de ITIL4, mejorando la entrega de servicios y la satisfacción del usuario final.

Operaciones del Servicio: Mantenimiento de operaciones de TI alineadas con ITIL4

Las operaciones del servicio constituyen la fase en la que los servicios de TI se gestionan y entregan diariamente. Esta sección profundiza en cómo mantener estas operaciones alineadas con los principios y prácticas de ITIL4, garantizando una entrega de servicios efectiva y eficiente que satisfaga tanto los requisitos del negocio como las expectativas de los usuarios.

Principios Clave de las Operaciones de Servicio según ITIL4

1. Valor del Servicio: Enfocarse en la creación y entrega continua de valor a través de servicios de TI fiables y eficientes.

2. Holismo: Considerar todos los elementos del sistema de valor del servicio (SVS) en las operaciones diarias, asegurando un enfoque integral.

3. Simplificación y Optimización: Continuamente buscar maneras de simplificar y optimizar las operaciones de servicio, eliminando actividades que no agregan valor.

4. Transparencia y Colaboración: Fomentar una cultura de transparencia y colaboración tanto dentro de los equipos de TI como entre TI y el resto del negocio.

Alineación con Prácticas de ITIL4

Las operaciones de servicio deben alinearse con varias prácticas de ITIL4 para asegurar su eficacia. Estas incluyen, pero no se limitan a:

- **Gestión de Incidentes:** Resolver incidentes rápidamente para minimizar el impacto negativo en el negocio.

- **Gestión de Solicitudes:** Gestionar las solicitudes de servicio de manera eficiente para garantizar la satisfacción del usuario.

- **Gestión de Problemas:** Identificar y resolver la causa raíz de los incidentes para prevenir su recurrencia.

- **Gestión de Eventos:** Monitorear y filtrar eventos a través del entorno de TI para detectar y responder a condiciones excepcionales.

- **Gestión de Accesos:** Asegurar que los usuarios tengan los derechos de acceso adecuados a los servicios de TI.

Estrategias para Mantener Operaciones Alineadas

1. Capacitación Continua: Asegurar que el personal de TI esté continuamente capacitado en las últimas prácticas y herramientas de ITIL4.

2. Revisión y Mejora Continua: Implementar un ciclo constante de revisión y mejora, utilizando métricas y retroalimentación para ajustar y optimizar las operaciones de servicio.

3. **Gestión del Cambio Efectiva:** Aplicar prácticas de gestión del cambio para asegurar que las modificaciones en las operaciones de servicio se realicen sin interrupciones.

4. **Uso de Tecnología y Automatización:** Emplear tecnología y automatización para mejorar la eficiencia de las operaciones de servicio, reduciendo el riesgo de errores y aumentando la velocidad de entrega.

Medición y Mejora

Las operaciones de servicio alineadas con ITIL4 requieren un enfoque medible y basado en datos. Esto implica:

- **Establecer Métricas Clave:** Definir KPIs claros para cada proceso de operación de servicio, alineados con los objetivos del negocio.

- **Monitoreo Continuo:** Utilizar herramientas de monitoreo y gestión de eventos para recopilar datos en tiempo real sobre la eficacia de las operaciones de servicio.

- **Análisis y Ajuste:** Analizar regularmente los datos recopilados para identificar tendencias, problemas y oportunidades de mejora, ajustando las operaciones según sea necesario para optimizar los resultados.

Mantener las operaciones de servicio de TI alineadas con ITIL4 es esencial para garantizar la entrega continua de valor a través de servicios eficientes, efectivos y de alta calidad. Al adherirse a los principios de ITIL4 y aplicar sus prácticas recomendadas, las organizaciones pueden mejorar significativamente la satisfacción del usuario, la eficiencia operativa y la alineación estratégica con los objetivos del negocio. Este enfoque no solo mejora la capacidad de respuesta y la flexibilidad ante las demandas cambiantes sino que también fomenta una cultura de mejora continua dentro de las operaciones de servicio de TI.

Caso de Estudio

Introducción

Al avanzar en nuestra exploración de la transición y operación dentro del marco de ITIL4, llegamos a un componente práctico esencial: cómo llevar a cabo la transición de los procesos de TI existentes hacia las prácticas recomendadas por ITIL4. El "Ejemplo 4" se dedica a proporcionar una guía paso a paso detallada para este proceso de transformación, ofreciendo una hoja de ruta clara para las organizaciones que buscan alinear sus operaciones de TI con ITIL4.

Esta sección es crucial para cualquier organización que se embarca en el viaje de mejora de la gestión de servicios de TI, ya que proporciona una metodología estructurada para adaptar y adoptar ITIL4 en sus procesos y prácticas existentes. La transición a ITIL4 no es simplemente un cambio de procesos; es una transformación cultural y operativa que puede mejorar significativamente la eficiencia, la eficacia y la alineación con los objetivos del negocio.

Objetivos de esta Sección

- **Ofrecer una Hoja de Ruta Clara:** Proporcionar un enfoque paso a paso para la transición de procesos de TI existentes a las prácticas de ITIL4, asegurando una comprensión clara de cada etapa del proceso.

- **Identificar Consideraciones Clave:** Destacar las áreas críticas de enfoque durante la transición, incluyendo la evaluación de procesos actuales, la identificación de brechas y la planificación de mejoras.

- **Facilitar la Implementación Práctica:** Mostrar cómo aplicar las prácticas de ITIL4 en el contexto de operaciones de TI existentes, ofreciendo ejemplos prácticos y recomendaciones para la implementación.

- **Promover la Mejora Continua:** Subrayar la importancia de la mejora continua como un principio fundamental de ITIL4, integrando este enfoque en el proceso de transición para asegurar el éxito a largo plazo.

Importancia de Esta Sección

La transición a ITIL4 presenta una oportunidad para que las organizaciones revisen y mejoren sus operaciones de TI, alineando sus procesos con un marco de gestión de servicios de TI líder a nivel mundial. Esta sección es invaluable para las organizaciones que buscan comprender no solo "qué" cambios son necesarios, sino "cómo" realizar estos cambios de manera efectiva, asegurando que los beneficios de ITIL4 se realicen plenamente.

El "Ejemplo 4: Guía Paso a Paso para la Transición de Procesos de TI a ITIL4" es una sección esencial para las organizaciones comprometidas con la excelencia en la gestión de servicios de TI. Proporciona las herramientas, técnicas y conocimientos necesarios para navegar con éxito la transición hacia ITIL4, garantizando que los procesos de TI no solo sean eficientes y efectivos, sino que también estén perfectamente alineados con las necesidades y objetivos del negocio. Esta sección es un recurso indispensable para cualquier organización que busque mejorar su gestión de servicios de TI y entregar un valor excepcional a través de sus operaciones de TI.

Ejemplo 4: Guía Paso a Paso para la Transición de Procesos de TI a ITIL4

La transición de procesos de TI existentes a las prácticas recomendadas por ITIL4 es un viaje transformador que requiere una planificación cuidadosa, ejecución disciplinada y compromiso continuo con la mejora. Aquí presentamos una guía paso a paso para facilitar esta transición, destacando las etapas críticas y las acciones específicas que las organizaciones deben considerar.

Paso 1: Comprensión de ITIL4

Acción: Capacitar a los equipos de TI sobre los fundamentos de ITIL4, enfatizando su enfoque en la creación de valor y las prácticas de gestión de servicios.

Paso 2: Evaluación de la Madurez Actual

Acción: Realizar una evaluación detallada de los procesos de TI existentes para establecer una línea base de madurez e identificar áreas de mejora.

Paso 3: Definición de Objetivos y Alcance

Acción: Definir objetivos claros para la transición a ITIL4, estableciendo el alcance basado en las prioridades del negocio y las áreas de mayor impacto identificadas en la evaluación de madurez.

Paso 4: Planificación de la Transición

Acción: Desarrollar un plan de transición detallado que incluya hitos, responsabilidades, recursos requeridos y un cronograma. Asegurar la alineación con los objetivos estratégicos del negocio.

Paso 5: Implementación de Cambios

Acción: Comenzar con la implementación de prácticas de ITIL4 seleccionadas, priorizando aquellas que aborden las áreas de mejora críticas. Utilizar un enfoque iterativo y gestionar el cambio de manera efectiva para minimizar las interrupciones.

Paso 6: Capacitación y Desarrollo

Acción: Proporcionar capacitación específica y oportunidades de desarrollo para el personal de TI, asegurando que tengan las habilidades necesarias para implementar y gestionar los procesos según ITIL4.

Paso 7: Monitoreo y Evaluación

Acción: Establecer métricas y KPIs para monitorear el desempeño de los procesos de TI contra los objetivos definidos. Realizar evaluaciones periódicas para medir el progreso y la efectividad de los cambios implementados.

Paso 8: Mejora Continua

Acción: Aplicar el principio de mejora continua de ITIL4 para iterar y mejorar los procesos de TI. Utilizar los datos recopilados a través del monitoreo y la evaluación para informar decisiones de mejora y refinamientos de procesos.

Consideraciones Clave

- **Gestión del Cambio Organizacional:** Abordar la resistencia al cambio mediante una comunicación efectiva, involucrando a los stakeholders en el proceso de transición y destacando los beneficios de adoptar ITIL4.

- **Herramientas y Tecnología:** Evaluar y, si es necesario, actualizar las herramientas y tecnologías de TI para soportar los procesos de acuerdo con las prácticas de ITIL4.

- **Cultura de Colaboración:** Fomentar una cultura de trabajo en equipo y colaboración entre los departamentos de TI y otras áreas del negocio para garantizar una comprensión compartida de los objetivos y cómo ITIL4 contribuye a alcanzarlos.

Conclusión

La transición a ITIL4 es una oportunidad para que las organizaciones de TI revisen y mejoren sus operaciones, alineándolas más estrechamente con las necesidades del negocio y mejorando la entrega de servicios. Siguiendo esta guía paso a paso, las organizaciones pueden abordar esta transformación de manera estructurada y eficaz, asegurando que los beneficios de ITIL4 se realicen plenamente, desde la mejora en la eficiencia operativa hasta el aumento en la satisfacción del cliente.

Capítulo 5: Medición y Mejora Continua

Introducción

Avanzando más allá de la transición y la operación, entramos en el dominio crucial de la "Medición y Mejora Continua", un pilar fundamental para asegurar la evolución y el éxito a largo plazo de la gestión de servicios de TI. El Capítulo 5 se centra en cómo las organizaciones pueden establecer y mantener un ciclo virtuoso de evaluación, medición y mejora que no solo optimice sus procesos y servicios de TI sino que también alinee estas mejoras con los objetivos estratégicos del negocio.

En el dinámico entorno de TI de hoy, la capacidad de adaptarse y mejorar continuamente es más que una ventaja competitiva; es una necesidad para la supervivencia y el crecimiento. Este capítulo aborda cómo implementar prácticas de medición efectivas para recoger datos relevantes y cómo utilizar estos datos para impulsar decisiones informadas y mejoras significativas en todos los aspectos de la gestión de servicios de TI.

Objetivos del Capítulo

- **Establecer Marcos de Medición Efectivos:** Aprender a diseñar sistemas de medición que capturen datos relevantes y precisos sobre el rendimiento de los servicios de TI y los procesos de gestión.

- **Analizar Datos para Informar la Toma de Decisiones:** Explorar técnicas y herramientas para analizar datos de rendimiento, identificar tendencias y problemas, y convertir estos insights en acciones.

- **Implementar Mejoras Basadas en Datos:** Describir cómo priorizar e implementar mejoras basadas en un análisis riguroso de datos, asegurando que estas mejoras estén alineadas con los objetivos de la organización.

- **Fomentar una Cultura de Mejora Continua:** Discutir estrategias para inculcar una mentalidad de mejora continua en toda la organización, promoviendo la innovación y la adaptabilidad.

Importancia de la Medición y Mejora Continua

La medición y la mejora continua son esenciales para cerrar el ciclo de gestión de servicios de TI, proporcionando la retroalimentación necesario para afinar y ajustar estrategias, procesos y servicios. Sin un enfoque sistemático para la medición y la mejora, las organizaciones pueden quedarse atrás, incapaces de responder efectivamente a los cambios del mercado o a las demandas internas.

Conclusión

El Capítulo 5, "Medición y Mejora Continua", es vital para cualquier organización que aspire a la excelencia en la gestión de servicios de TI. Proporciona las herramientas y conocimientos necesarios para construir un marco robusto de mejora continua, asegurando que las operaciones de TI no solo se mantengan relevantes y eficientes sino que también impulsen el crecimiento y la innovación dentro de la organización. Prepárate para explorar cómo la medición y la mejora continua pueden transformar la gestión de servicios de TI, elevando la entrega de servicios y la satisfacción del cliente a nuevos niveles de excelencia.

Sección 5.1: Medición del Rendimiento

Introducción

En el corazón de cualquier iniciativa de mejora continua yace la capacidad de medir efectivamente el rendimiento. La Sección 5.1, "Medición del Rendimiento: Cómo y qué medir para evaluar el éxito", se adentra en este aspecto fundamental, proporcionando una guía detallada sobre las estrategias efectivas para medir el rendimiento de los servicios de TI y los procesos de gestión. Esta sección es esencial para las organizaciones que buscan no solo mantener sino mejorar continuamente la calidad y eficiencia de sus servicios de TI.

La medición del rendimiento actúa como el fundamento sobre el cual se construyen las decisiones informadas y las estrategias de mejora. Sin indicadores claros y precisos del rendimiento, las organizaciones carecen de la visibilidad necesaria para identificar áreas de mejora, reconocer éxitos y ajustar estrategias conforme a las necesidades cambiantes del negocio y la tecnología.

Objetivos de esta Sección

- **Identificar Métricas Clave:** Explorar cómo seleccionar las métricas más relevantes y significativas que reflejen el éxito de los servicios de TI y los procesos de gestión.

- **Desarrollar Sistemas de Medición Efectivos:** Profundizar en el diseño e implementación de sistemas de medición que capturen datos precisos y útiles para el análisis de rendimiento.

- **Analizar Datos para Obtener Insights:** Discutir las técnicas para analizar datos de rendimiento y cómo estos insights pueden guiar la toma de decisiones y las iniciativas de mejora.

- **Establecer un Ciclo de Mejora Basado en Datos:** Mostrar cómo utilizar los datos de rendimiento para alimentar un ciclo continuo de evaluación, ajuste y mejora de los servicios de TI y los procesos de gestión.

Importancia de la Medición del Rendimiento

Medir el rendimiento es crucial para cualquier esfuerzo de mejora continua, proporcionando la evidencia necesaria para justificar inversiones, celebrar éxitos y, lo más importante, identificar oportunidades de mejora. La medición efectiva del rendimiento permite a las organizaciones:

- **Alinear Operaciones con Objetivos Estratégicos:** Asegurar que las actividades diarias de TI soporten directamente los objetivos a largo plazo del negocio.

- **Optimizar la Entrega de Servicios:** Identificar áreas donde los servicios pueden ser optimizados para mejorar la eficiencia, la eficacia y la satisfacción del cliente.

- **Fomentar la Transparencia y la Responsabilidad:** Proporcionar una base objetiva para la evaluación del rendimiento, fomentando una cultura de transparencia y responsabilidad dentro de la organización.

La Sección 5.1, "Medición del Rendimiento", es un recurso indispensable para las organizaciones que buscan comprender profundamente cómo y qué medir para evaluar el éxito de sus servicios de TI. A través de esta sección, las organizaciones aprenderán a construir y aplicar sistemas de medición robustos, permitiéndoles tomar decisiones basadas en datos, identificar áreas de mejora y conducir sus operaciones de TI hacia la excelencia continua. Prepárate para sumergirte en el arte y la ciencia de la medición del rendimiento, un pilar fundamental para lograr y sostener la mejora continua en la gestión de servicios de TI.

Medición del Rendimiento: Cómo y qué medir para evaluar el éxito

En el contexto de ITIL4 y la gestión de servicios de TI, medir el rendimiento es esencial para entender cómo los servicios y procesos contribuyen a los objetivos estratégicos del negocio. Esta sección desglosa el proceso de establecer un sistema de medición efectivo, identificando qué métricas son más relevantes y cómo pueden recopilarse, analizarse e interpretarse para impulsar la mejora continua.

Identificación de Métricas Clave

El primer paso hacia una medición efectiva del rendimiento es identificar qué métricas son más importantes para su organización. Las métricas deben ser:

- **Específicas:** Claras y directas, relacionadas con los objetivos estratégicos de la organización.

- **Medibles:** Cuantificables para permitir un seguimiento preciso a lo largo del tiempo.

- **Alcanzables:** Realistas dentro del contexto y las capacidades de la organización.

- **Relevantes:** Directamente relacionadas con los procesos y servicios críticos para el negocio.

- **Temporales:** Asociadas a un marco temporal específico para su consecución y revisión.

Desarrollo de Sistemas de Medición

Una vez identificadas las métricas, el siguiente paso es desarrollar un sistema para recopilar y analizar datos. Esto puede incluir:

- **Herramientas de Monitoreo y Análisis:** Software especializado que puede automatizar la recopilación de datos y ofrecer análisis en tiempo real del rendimiento.

- **Procesos de Recolección de Datos:** Métodos estandarizados para recopilar datos manualmente, cuando la automatización no es viable o cuando se requieren datos cualitativos.

- **Plataformas de Reporte:** Soluciones que permiten la visualización de datos y el reporte de rendimiento de manera comprensible y accesible para los stakeholders.

Análisis de Datos e Insights

Con los datos en mano, el análisis se convierte en el núcleo para extraer insights significativos. Esto implica:

- **Tendencias y Patrones:** Identificar tendencias a lo largo del tiempo o patrones que puedan indicar problemas subyacentes o áreas de éxito.

- **Comparación con Objetivos:** Medir el rendimiento actual en comparación con los objetivos y metas establecidos.

- **Identificación de Desviaciones:** Reconocer cuando los resultados se desvían de lo esperado y requerir análisis adicional o acción correctiva.

Implementación de Mejoras

El análisis de rendimiento debe traducirse en acciones concretas. Esto puede implicar:

- **Planes de Acción:** Desarrollar e implementar planes para abordar áreas de mejora identificadas.

- **Revisión de Procesos y Políticas:** Modificar procesos existentes o introducir nuevos basados en los resultados del análisis de rendimiento.

- **Seguimiento de Mejoras:** Establecer un mecanismo para revisar la efectividad de las acciones implementadas y ajustar según sea necesario.

Fomento de una Cultura de Mejora Continua

La medición del rendimiento debe ser una práctica continua, integrada en la cultura organizacional. Esto requiere:

- **Compromiso de la Dirección:** El liderazgo debe respaldar y promover activamente las iniciativas de medición y mejora.

- **Formación y Capacitación:** Asegurar que el personal comprenda la importancia de la medición del rendimiento y cómo contribuye a la mejora continua.

- **Comunicación Transparente:** Compartir abiertamente los resultados del rendimiento y las iniciativas de mejora con todos los stakeholders para fomentar la transparencia y la colaboración.

La medición del rendimiento es un componente crítico de la gestión de servicios de TI, proporcionando la base para la mejora continua. Al identificar y medir las métricas correctas, analizar datos para obtener insights y traducir estos insights en acción, las organizaciones pueden asegurar que sus servicios de TI sean eficientes, efectivos y alineados con las necesidades del negocio. La sección 5.1 ofrece una guía esencial para establecer y mantener un sistema de medición del rendimiento que apoye la excelencia operativa y la innovación continua.

KPIs (Indicadores Clave de Rendimiento) relevantes en el contexto de la gestión de servicios de TI

1. Tiempo de Resolución de Incidentes: Mide el tiempo promedio que tarda en resolverse un incidente desde que se reporta hasta su cierre. Es crucial para evaluar la eficacia de la gestión de incidentes.

2. Tasa de Cambios Exitosos: Calcula el porcentaje de cambios implementados que se completan sin incidentes. Un indicador clave de la eficiencia de la gestión del cambio.

3. Disponibilidad del Servicio: Mide el porcentaje de tiempo que un servicio de TI está disponible para los usuarios en comparación con el tiempo planificado de disponibilidad. Es fundamental para evaluar si los servicios cumplen con los SLA establecidos.

4. Satisfacción del Cliente/Usuario: Evalúa la satisfacción de los usuarios finales con los servicios de TI, generalmente a través de encuestas. Ofrece insights sobre la percepción del valor de los servicios de TI.

5. Número de Incidentes: Cuenta el número total de incidentes reportados en un período específico. Ayuda a identificar tendencias y áreas problemáticas en la infraestructura de TI.

6. Tiempo de Inactividad No Planificado: Mide el tiempo total que los servicios de TI estuvieron no disponibles debido a interrupciones no planificadas. Un indicador crítico de la estabilidad de los servicios de TI.

7. Costo por Ticket: Calcula el costo promedio de gestionar un ticket de servicio o incidente. Este KPI ayuda a evaluar la eficiencia operativa del soporte de TI.

8. Cumplimiento de SLA: Mide el porcentaje de servicios o incidentes que cumplen con los niveles de servicio acordados. Esencial para evaluar la conformidad con los compromisos de servicio.

9. Volumen de Trabajo por Equipo/Empleado: Mide la cantidad de trabajo (por ejemplo, tickets de incidentes, solicitudes de servicio) gestionado por equipo o empleado. Útil para evaluar la carga de trabajo y la eficiencia operativa.

10. Tasa de Error en las Liberaciones: Calcula el porcentaje de liberaciones que causaron incidentes o requirieron re-trabajo. Un KPI vital para medir la calidad y efectividad de la gestión de liberaciones y despliegues.

Estos KPIs ofrecen una visión integral del rendimiento y la calidad de los servicios de TI, facilitando la toma de decisiones basada en datos y la identificación de oportunidades de mejora continua.

Sección 5.2: Mejora Continua

Introducción

Tras abordar la importancia de medir el rendimiento de los servicios de TI, el siguiente paso crítico es aplicar esos aprendizajes para fomentar la mejora continua. La Sección 5.2, "Mejora Continua: Estrategias para la mejora continua bajo el marco de ITIL4", se centra en cómo las organizaciones pueden implementar un enfoque sistemático y estructurado para la mejora continua, siguiendo los principios y prácticas establecidos por ITIL4.

La mejora continua es un pilar central de ITIL4, diseñado para ayudar a las organizaciones a adaptarse y evolucionar en un entorno de TI cada vez más complejo y cambiante. Esta sección explora estrategias efectivas y prácticas recomendadas para identificar oportunidades de mejora, priorizar iniciativas de mejora y implementar cambios que generen valor agregado de manera sostenible para el negocio y sus clientes.

Objetivos de esta Sección

- **Adoptar el Sistema de Mejora Continua de ITIL4:** Introducir el Sistema de mejora continua de ITIL4 y cómo puede ser aplicado para guiar los esfuerzos de mejora en las organizaciones.

- **Identificar Oportunidades de Mejora:** Desarrollar habilidades para identificar sistemáticamente áreas de mejora a través de la medición del rendimiento y el análisis de datos.

- **Planificar e Implementar Mejoras:** Proporcionar un marco para planificar, priorizar e implementar iniciativas de mejora de manera efectiva, asegurando la alineación con los objetivos estratégicos del negocio.

- **Fomentar una Cultura de Mejora Continua:** Discutir estrategias para inculcar una cultura de mejora continua dentro de la organización, enfatizando la importancia del compromiso del liderazgo y la participación activa de todos los empleados.

Importancia de la Mejora Continua

La mejora continua es esencial para mantener la relevancia y competitividad de los servicios de TI. Al adoptar un enfoque estructurado para la mejora continua, las organizaciones pueden:

- **Aumentar la Eficiencia Operativa:** Optimizar procesos para eliminar desperdicios y redundancias, mejorando la eficiencia operativa y reduciendo costos.

- **Mejorar la Calidad del Servicio:** Elevar la calidad de los servicios de TI, mejorando la satisfacción del cliente y fortaleciendo la relación entre TI y el negocio.

- **Impulsar la Innovación:** Fomentar un entorno que promueva la innovación y la adaptación a nuevas tecnologías y metodologías.

La Sección 5.2, "Mejora Continua", es fundamental para cualquier organización comprometida con la excelencia en la gestión de servicios de TI. Proporciona las herramientas, técnicas y conocimientos necesarios para construir y mantener un programa de mejora continua robusto, asegurando que los servicios de TI no solo respondan a las necesidades actuales del negocio sino que también se anticipen y adapten a los desafíos futuros. Prepárate para explorar cómo implementar un ciclo de mejora continua efectivo que impulse el éxito a largo plazo y el valor sostenido de los servicios de TI.

Mejora Continua: Estrategias para la Mejora Continua bajo el Marco de ITIL4

La mejora continua es un principio fundamental de ITIL4, diseñado para ayudar a las organizaciones a evolucionar y adaptarse de manera efectiva a las cambiantes demandas del negocio y del entorno tecnológico. En esta sección, exploraremos cómo aplicar estrategias de mejora continua dentro del marco de ITIL4, asegurando que los servicios de TI se mantengan alineados con los objetivos del negocio y entreguen valor de manera sostenible.

Adoptar el Sistema de Mejora Continua de ITIL4

El Sistema de Mejora Continua de ITIL4 proporciona un enfoque estructurado para identificar y realizar mejoras en todos los aspectos de la gestión de servicios de TI. Este modelo incluye siete pasos:

1. ¿Qué se quiere lograr? Definir claramente los objetivos de mejora, asegurando que estén alineados con la visión y estrategia del negocio.

2. ¿Dónde estamos ahora? Evaluar el estado actual para entender el punto de partida antes de implementar mejoras.

3. ¿Dónde queremos estar? Establecer metas claras y realistas para el futuro deseado.

4. ¿Cómo llegamos allí? Desarrollar e implementar un plan de acción para lograr los objetivos de mejora.

5. Actuar: Implementar el plan y realizar las mejoras.

6. ¿Cómo mantenemos el impulso? Asegurar la implementación efectiva y sostenida de las mejoras a través del tiempo.

7. ¿Cómo sabemos que hemos llegado? Medir y evaluar los resultados de las mejoras implementadas.

Identificación de Oportunidades de Mejora

Las oportunidades de mejora pueden identificarse a través de:

- **Análisis de Datos y Retroalimentación:** Utilizar datos de rendimiento y retroalimentación de usuarios y clientes para identificar áreas de mejora.

- **Revisión de Incidentes y Problemas:** Analizar incidentes y problemas recurrentes para encontrar oportunidades de mejora en los procesos y servicios.

Planificación e Implementación de Mejoras

Una vez identificadas las oportunidades de mejora, el siguiente paso es planificar e implementar acciones específicas:

- **Priorización:** Priorizar las iniciativas de mejora basadas en su impacto potencial y los recursos disponibles.

- **Desarrollo de Planes de Acción:** Crear planes detallados que incluyan objetivos, responsabilidades, recursos y plazos.

- **Implementación y Monitoreo:** Implementar las mejoras, monitorear el progreso y ajustar los planes según sea necesario.

Fomento de una Cultura de Mejora Continua

Para que la mejora continua sea efectiva, debe estar integrada en la cultura organizacional:

- **Compromiso del Liderazgo:** El liderazgo debe promover y apoyar activamente la mejora continua, proporcionando los recursos necesarios y fomentando una cultura de aprendizaje y experimentación.

- **Capacitación y Empoderamiento del Personal:** Capacitar al personal en las prácticas de ITIL4 y empoderarlos para identificar y proponer mejoras.

- **Reconocimiento y Recompensa:** Reconocer y recompensar los esfuerzos de mejora para motivar la participación activa del equipo.

La mejora continua es un proceso iterativo y sostenido que requiere compromiso, planificación y acción. Bajo el marco de ITIL4, las organizaciones pueden adoptar un enfoque estructurado para la mejora continua, asegurando que los servicios de TI evolucionen constantemente para satisfacer las necesidades del negocio y entregar valor de manera efectiva. Implementando las estrategias discutidas en esta sección, las organizaciones pueden establecer un ciclo de mejora continua que promueva la eficiencia, la innovación y la excelencia operativa en la gestión de servicios de TI.

Caso de Estudio

Introducción

La implementación de un sistema de mejora continua representa una oportunidad transformadora para cualquier departamento de TI, ofreciendo un camino hacia la optimización de procesos, la eficiencia operativa y la alineación estratégica con los objetivos del negocio. El "Ejemplo 5" profundiza en un caso práctico detallado, ilustrando cómo un departamento de TI puede desarrollar e implementar un sistema de mejora continua, siguiendo los principios y prácticas recomendadas por ITIL4.

Este ejemplo sirve como una guía paso a paso para las organizaciones que buscan establecer un ciclo de mejora continua, desde la identificación inicial de áreas de mejora hasta la implementación de cambios y la evaluación de su impacto. A través de este caso de estudio, exploraremos los desafíos comunes, las estrategias efectivas y las lecciones aprendidas durante el proceso de implementación, proporcionando insights valiosos que pueden aplicarse en diversos contextos de TI.

Objetivos de esta Sección

- **Ilustrar el Proceso de Implementación:** Mostrar cómo un departamento de TI puede iniciar y desarrollar un sistema de mejora continua, destacando los pasos críticos y las decisiones clave.

- **Enfatizar la Importancia del Análisis y la Medición:** Subrayar cómo la recopilación y análisis de datos desempeñan un papel fundamental en la identificación de áreas de mejora y en la evaluación del éxito de las iniciativas implementadas.

- Demostrar la Aplicación de Estrategias de Mejora: Presentar estrategias y herramientas específicas utilizadas en el proceso de mejora continua, incluyendo cómo superar obstáculos y fomentar la participación del equipo.

- Compartir Resultados y Beneficios: Resaltar los resultados alcanzados y los beneficios obtenidos a través de la implementación del sistema de mejora continua, incluyendo impactos en la eficiencia operativa, la satisfacción del usuario y la alineación con los objetivos del negocio.

Importancia de Este Ejemplo

La implementación de un sistema de mejora continua es un viaje complejo que requiere compromiso, adaptabilidad y un enfoque sistemático. Este ejemplo proporciona una visión práctica de cómo llevar a cabo este proceso, demostrando que, con la planificación adecuada y el enfoque correcto, los departamentos de TI pueden lograr mejoras significativas en sus operaciones y servicios. Al seguir este caso práctico, las organizaciones pueden aprender cómo aplicar los principios de mejora continua de ITIL4 para lograr un cambio positivo y sostenido.

El "Ejemplo 5" ofrece una visión comprensiva y práctica sobre la implementación de un sistema de mejora continua en un departamento de TI, destacando cómo los principios de ITIL4 pueden guiar y mejorar este proceso. Al aplicar las lecciones y estrategias presentadas en este caso de estudio, los departamentos de TI pueden avanzar hacia una cultura de mejora continua, asegurando que sus servicios no solo respondan a las necesidades actuales sino que también se anticipen y adapten a los desafíos futuros, entregando valor continuo y mejorado al negocio y sus usuarios.

Ejemplo 5: Implementación de un Sistema de Mejora Continua en un Departamento de TI

La adopción de un sistema de mejora continua es crucial para que los departamentos de TI mantengan y aumenten su valor dentro de una organización. Este ejemplo práctico ilustra cómo un departamento de TI ficticio, "TechSolutions Inc.", implementó un sistema de mejora continua basado en los principios de ITIL4.

Fase 1: Compromiso de la Dirección y Definición de la Visión

Acción Inicial: La dirección de TechSolutions Inc. se comprometió con la mejora continua, definiendo una visión clara que enfatizaba la eficiencia operativa, la satisfacción del cliente y la innovación tecnológica.

Fase 2: Evaluación de la Situación Actual

Evaluación de Madurez: Se realizó una evaluación de madurez de los servicios de TI existentes para identificar áreas de mejora. Utilizaron herramientas de diagnóstico para medir la eficacia, eficiencia y satisfacción del usuario.

Fase 3: Identificación de Áreas de Mejora

Análisis de Brechas: Basándose en los resultados de la evaluación de madurez, TechSolutions identificó áreas clave para la mejora, incluyendo la gestión de incidentes y la entrega de proyectos.

Fase 4: Planificación de la Mejora

Desarrollo de Planes de Acción: Para cada área de mejora identificada, se desarrollaron planes de acción detallados, estableciendo objetivos específicos, asignando recursos y definiendo cronogramas.

Fase 5: Implementación de Mejoras

Ejecución y Monitoreo: TechSolutions implementó las mejoras, utilizando un enfoque iterativo para permitir ajustes rápidos. Se establecieron métricas para monitorear el progreso y el impacto de las mejoras en tiempo real.

Fase 6: Evaluación de Resultados

Revisión del Desempeño: Tras la implementación de las mejoras, se evaluó el desempeño comparándolo con los objetivos establecidos. Esta evaluación se basó tanto en datos cuantitativos (tiempos de resolución de incidentes, cumplimiento de plazos de proyectos) como en retroalimentación cualitativa de los usuarios.

Fase 7: Aprendizaje y Ajuste

Ajustes Basados en el Aprendizaje: Con base en la evaluación, TechSolutions realizó ajustes en los procesos y enfoques de mejora. Se documentaron las lecciones aprendidas para informar futuras iniciativas de mejora.

Resultados y Beneficios

- Mejora en la Eficiencia Operativa: La gestión de incidentes se volvió más rápida y efectiva, reduciendo el tiempo medio de resolución en un 30%.

- **Aumento de la Satisfacción del Cliente:** la retroalimentación de los usuarios finales mejoró significativamente, reflejando una mayor satisfacción con la calidad y la rapidez de los servicios de TI.

- **Cultura de Mejora Continua:** Se fomentó una cultura de mejora continua dentro del departamento, con equipos proactivamente buscando oportunidades de optimización y mejoras.

KPIs

Integrar ejemplos específicos de KPIs (Indicadores Clave de Rendimiento) utilizados para la medición en el caso de "TechSolutions Inc." proporcionará una comprensión más profunda de cómo se midió el éxito de las iniciativas de mejora continua. A continuación, se presentan algunos KPIs clave que TechSolutions podría haber utilizado:

1. **Tiempo Medio de Resolución (MTTR):** Este KPI mide el tiempo promedio que toma resolver un incidente desde que se reporta hasta su cierre. Una disminución en el MTTR indicaría una mejora en la eficiencia de la gestión de incidentes.

2. **Porcentaje de Cambios Exitosos:** Mide el porcentaje de cambios realizados que no resultaron en fallas o incidentes. Un aumento en este porcentaje demuestra una mayor eficacia en la gestión de cambios.

3. **Disponibilidad de Servicios:** Calcula el porcentaje de tiempo que los servicios críticos están disponibles para los usuarios, sin interrupción. La mejora en la disponibilidad refleja la efectividad en mantener y gestionar la infraestructura de TI.

4. **Satisfacción del Cliente:** A través de encuestas y herramientas de

retroalimentación, mide la satisfacción de los usuarios con los servicios de TI. Un incremento en la satisfacción del cliente indica que las mejoras están alineadas con las necesidades y expectativas de los usuarios.

5. Número de Incidentes por Servicio: Contabiliza el total de incidentes reportados para cada servicio de TI. Una disminución en este número sugiere una mejora en la calidad y estabilidad de los servicios.

6. Cumplimiento de SLA (Acuerdos de Nivel de Servicio): Este KPI mide el porcentaje de veces que los niveles de servicio acordados con los usuarios se cumplen. Mejorar en este área indica una mayor alineación y cumplimiento de las expectativas del servicio.

7. Tiempo Medio Hasta la Falla (MTBF): Mide el tiempo promedio entre fallos de un servicio o componente de TI. Un aumento en el MTBF señala una mejora en la fiabilidad del sistema.

8. Costo por Ticket: Calcula el costo promedio de gestionar un ticket de soporte o incidente. La reducción del costo por ticket puede indicar una operación de soporte más eficiente.

9. Volumen de Trabajo por Empleado: Mide la cantidad de trabajo (por ejemplo, tickets de soporte, tareas de proyectos) gestionado por cada miembro del equipo de TI. Este KPI ayuda a evaluar la carga de trabajo y la eficiencia del equipo.

10. Tasa de Retención de Clientes/Usuarios: En el contexto de TI interno, esto puede interpretarse como la medida en que los usuarios internos continúan utilizando los servicios de TI ofrecidos. Una alta tasa de retención sugiere una alta satisfacción y dependencia en los servicios de TI proporcionados.

"TechSolutions Inc." utilizó estos KPIs para evaluar de manera efectiva el impacto de sus iniciativas de mejora continua, permitiéndoles tomar decisiones basadas en datos y ajustar sus estrategias para lograr resultados óptimos. Al medir y monitorear estos indicadores de manera regular, pudieron documentar su progreso y demostrar el valor tangible de sus esfuerzos de mejora a la dirección y a los usuarios finales.

Conclusión

La implementación de un sistema de mejora continua en TechSolutions Inc. demostró cómo un enfoque estructurado, basado en los principios de ITIL4, puede llevar a mejoras significativas en la operación de TI. Este ejemplo práctico subraya la importancia de la evaluación continua, el compromiso de la dirección, la participación del equipo y la adaptabilidad en el proceso de mejora continua. Al seguir este modelo, otros departamentos de TI pueden lograr mejoras sostenibles en sus operaciones, alineando efectivamente sus servicios con los objetivos del negocio y las necesidades de los usuarios.

Capítulo 6: Casos de Estudio y Ejemplos Reales

Introducción

Tras explorar los principios, estrategias y prácticas fundamentales de ITIL4 en los capítulos anteriores, el Capítulo 6 se adentra en el mundo práctico, presentando una serie de casos de estudio y ejemplos reales. Este capítulo es vital para comprender cómo los conceptos teóricos de ITIL4 se aplican en el terreno, resolviendo problemas complejos, optimizando procesos y entregando valor tangible en diversas organizaciones y sectores.

Los casos de estudio y ejemplos reales ofrecen una mirada profunda a las experiencias de implementación de ITIL4, destacando tanto los éxitos como los desafíos enfrentados. Estos ejemplos prácticos proveen insights valiosos, lecciones aprendidas y mejores prácticas que pueden servir de guía para otras organizaciones en su viaje hacia la mejora de la gestión de servicios de TI.

Objetivos del Capítulo

- **Ilustrar la Aplicación Práctica de ITIL4:** Demostrar cómo los principios y prácticas de ITIL4 se han aplicado en situaciones reales para mejorar la gestión de servicios de TI.

- **Destacar Diversidad de Contextos:** Presentar casos de estudio de una amplia gama de sectores y tamaños de organización, subrayando la versatilidad y adaptabilidad de ITIL4.

- **Enfocar en Resultados y Beneficios:** Enfatizar los resultados tangibles obtenidos a través de la implementación de ITIL4, incluyendo mejoras en eficiencia, satisfacción del cliente y alineación estratégica.

- **Compartir Lecciones Aprendidas:** Ofrecer una perspectiva honesta de los desafíos enfrentados durante la implementación de ITIL4 y cómo fueron superados, proporcionando lecciones valiosas para otros en su camino de mejora.

Importancia de los Casos de Estudio y Ejemplos Reales

Los casos de estudio y ejemplos reales son herramientas educativas invaluables que ofrecen una comprensión profunda de cómo la teoría se traduce en práctica. Permiten a las organizaciones:

- **Visualizar la Implementación de ITIL4:** Ver ejemplos concretos ayuda a las organizaciones a entender cómo pueden aplicarse los principios de ITIL4 en su propio contexto.

- **Inspirar Innovación y Mejora:** Los éxitos documentados en estos casos de estudio pueden inspirar a las organizaciones a buscar nuevas formas de innovar y mejorar sus propias operaciones de TI.

- **Anticipar Desafíos:** Conocer los obstáculos que otros han enfrentado y cómo los han superado prepara mejor a las organizaciones para sus propias implementaciones de ITIL4.

El Capítulo 6, "Casos de Estudio y Ejemplos Reales", es un recurso esencial para cualquier organización que busque aplicar ITIL4 para mejorar su gestión de servicios de TI. Al explorar estos casos de estudio y ejemplos, las organizaciones pueden obtener una comprensión más rica de cómo adaptar y aplicar ITIL4 para alcanzar sus objetivos específicos, impulsando cambios significativos y sostenibles en sus operaciones de TI. Prepárate para sumergirte en historias reales de transformación y éxito, que no solo ilustran el poder de ITIL4 en acción sino que también motivan y guían tu propio viaje hacia la excelencia en la gestión de servicios de TI.

Sección 6.1: Pequeñas y Medianas Empresas (PYMEs): Adaptación de ITIL4 en PYMEs

Introducción

En el entorno empresarial dinámico de hoy, las pequeñas y medianas empresas (PYMEs) enfrentan desafíos únicos que requieren soluciones ágiles y adaptativas, especialmente en lo que respecta a la gestión de servicios de TI. La Sección 6.1 se sumerge en la adaptación de ITIL4 dentro del contexto de las PYMEs, destacando cómo este marco líder mundial en gestión de servicios de TI puede ser personalizado para satisfacer las necesidades específicas de las organizaciones más pequeñas.

A través de casos de estudio y ejemplos reales, esta sección explora las experiencias prácticas de las PYMEs al implementar ITIL4, resaltando los beneficios alcanzados, los desafíos superados y las lecciones aprendidas en el camino. Este enfoque práctico proporciona una valiosa perspectiva sobre cómo las PYMEs pueden aprovechar ITIL4 para mejorar sus operaciones de TI, optimizar recursos y alinear mejor los servicios de TI con los objetivos de negocio.

Objetivos de esta Sección

- **Demostrar la Flexibilidad de ITIL4:** Ilustrar cómo ITIL4 puede ser adaptado a la escala y las necesidades específicas de las PYMEs, proporcionando un enfoque flexible y pragmático para la gestión de servicios de TI.

- **Resaltar Estrategias de Implementación:** Presentar estrategias efectivas y enfoques personalizados que las PYMEs han utilizado para adoptar ITIL4, superando limitaciones de recursos y maximizando el valor.

- **Compartir Éxitos y Beneficios:** Enfocarse en los resultados tangibles que las PYMEs han logrado mediante la adaptación de ITIL4, incluyendo mejoras en la eficiencia, la calidad del servicio y la satisfacción del cliente.

- **Proporcionar Lecciones Aprendidas:** Ofrecer insights sobre los desafíos comunes enfrentados por las PYMEs durante la implementación de ITIL4 y cómo estos desafíos fueron abordados.

Importancia de ITIL4 para las PYMEs

Para las PYMEs, implementar ITIL4 no es solo sobre la gestión de servicios de TI; es también una oportunidad para impulsar la innovación, mejorar la competitividad y fomentar un crecimiento sostenible. Esta sección destaca la importancia de:

- **Agilidad y Escalabilidad:** Cómo ITIL4 ayuda a las PYMEs a ser más ágiles y escalables en sus operaciones de TI, permitiéndoles responder rápidamente a las oportunidades y desafíos del mercado.

- **Alineación Estratégica:** La importancia de alinear los servicios de TI con los objetivos estratégicos de la empresa, asegurando que la TI sea un facilitador clave del éxito empresarial.

- **Optimización de Recursos:** Cómo ITIL4 puede ayudar a las PYMEs a optimizar el uso de sus recursos, maximizando el retorno sobre la inversión en tecnología de la información.

La Sección 6.1 ofrece una perspectiva esencial sobre cómo las PYMEs pueden adaptar y aplicar ITIL4 para enfrentar sus desafíos únicos y aprovechar sus oportunidades. A través de casos de estudio y ejemplos reales, las PYMEs pueden encontrar inspiración y orientación para su propia implementación de ITIL4, aprendiendo de las experiencias de otras organizaciones que han recorrido un camino similar. Al final, esta sección demuestra que ITIL4 no es solo para grandes corporaciones; es una herramienta poderosa y adaptable para empresas de todos los tamaños, incluidas las PYMEs, buscando mejorar sus capacidades de gestión de servicios de TI.

Pequeñas y Medianas Empresas (PYMEs): Adaptación de ITIL4 en PYMEs

La adaptación de ITIL4 en el contexto de las Pequeñas y Medianas Empresas (PYMEs) representa un desafío único pero también una oportunidad significativa para optimizar y mejorar la gestión de servicios de TI. A través de ejemplos reales y estudios de caso, esta sección explora cómo diversas PYMEs han implementado ITIL4 para superar desafíos específicos, mejorar operaciones y alinear servicios de TI con objetivos de negocio más amplios.

Caso de Estudio 1: Optimización de la Gestión de Incidentes

Contexto: Una empresa de desarrollo de software con menos de 100 empleados enfrentaba desafíos significativos en la gestión de incidentes, lo que resultaba en tiempos de resolución largos y una satisfacción del cliente decreciente.

Solución: La empresa adaptó la práctica de gestión de incidentes de ITIL4, implementando un sistema de ticketing más eficiente y un proceso claro para la priorización de incidentes basado en su impacto y urgencia.

Resultados: La optimización resultó en una reducción del 40% en el tiempo medio de resolución de incidentes y una mejora del 25% en la satisfacción del cliente, medido a través de encuestas post-servicio.

Caso de Estudio 2: Mejora de la Entrega de Proyectos

Contexto: Una PYME especializada en soluciones de TI para el sector financiero luchaba con la entrega a tiempo de proyectos, afectando la confianza del cliente y el retorno de la inversión.

Solución: Se adoptaron las prácticas de gestión de proyectos y entrega de valor de ITIL4, enfocándose en la definición clara de etapas, responsabilidades y KPIs para cada proyecto.

Resultados: La empresa experimentó un aumento del 35% en la entrega a tiempo de proyectos y una mayor satisfacción del cliente gracias a una comunicación más efectiva y expectativas claras establecidas desde el inicio del proyecto.

Caso de Estudio 3: Implementación de un Sistema de Mejora Continua

Contexto: Un proveedor de servicios de TI para pequeñas empresas del sector minorista no lograba adaptarse rápidamente a las cambiantes demandas del mercado, resultando en una oferta de servicios desactualizada.

Solución: La empresa implementó el Sistema de mejora continua de ITIL4, estableciendo un proceso estructurado para la identificación, implementación y revisión de mejoras en servicios y procesos.

Resultados: La adaptabilidad y relevancia del servicio mejoraron notablemente, con un 50% de aumento en la captación de nuevos clientes y un 30% de aumento en la retención de clientes existentes.

Lecciones Aprendidas

- **Flexibilidad de ITIL4:** ITIL4 ofrece un marco flexible que las PYMEs pueden adaptar a sus necesidades específicas, sin necesidad de adoptar todas las prácticas simultáneamente.

- **Importancia de la Capacitación:** La capacitación y el compromiso del equipo son fundamentales para la implementación exitosa de ITIL4, asegurando que todos comprendan los procesos y su importancia.

- **Enfoque en el Valor:** Centrarse en la creación de valor para el cliente es clave; ITIL4 ayuda a las PYMEs a alinear sus servicios de TI con los objetivos del negocio y las necesidades de sus clientes.

Conclusión

Los casos de estudio presentados demuestran la versatilidad y efectividad de ITIL4 para abordar desafíos comunes en las PYMEs, desde la gestión de incidentes y la entrega de proyectos hasta la implementación de sistemas de mejora continua. Estos ejemplos reales subrayan cómo ITIL4 puede ser una herramienta poderosa para las PYMEs que buscan optimizar sus operaciones de TI, mejorar la satisfacción del cliente y lograr una ventaja competitiva en el mercado.

Sección 6.2: Grandes Corporaciones: Ejemplos de Implementación en Grandes Organizaciones

Introducción

Tras explorar cómo las pequeñas y medianas empresas (PYMEs) pueden adaptar y beneficiarse de ITIL4, la Sección 6.2 se adentra en el ámbito de las grandes corporaciones, examinando ejemplos concretos de cómo estas organizaciones han implementado ITIL4 para enfrentar desafíos a gran escala, optimizar sus operaciones de TI y alinear sus servicios con objetivos empresariales estratégicos.

Las grandes corporaciones, con su complejidad inherente, infraestructuras masivas de TI y extensas carteras de servicios, presentan desafíos únicos en la gestión de servicios de TI. Esta sección ofrece una visión profunda de los enfoques adoptados por estas organizaciones para implementar ITIL4, destacando las estrategias efectivas, los desafíos superados y las lecciones aprendidas en el proceso.

Objetivos de esta Sección

- **Ilustrar la Aplicabilidad de ITIL4 en Gran Escala:** Demostrar cómo ITIL4 puede ser aplicado en el contexto de grandes corporaciones para mejorar la gestión de servicios de TI, a pesar de la complejidad y el tamaño de la organización.

- **Destacar Casos de Éxito y Desafíos:** Presentar estudios de caso detallados que muestren los éxitos alcanzados y los desafíos enfrentados por grandes corporaciones al implementar ITIL4.

- **Extraer Lecciones Clave y Mejores Prácticas:** Ofrecer insights valiosos y lecciones aprendidas que pueden guiar a otras organizaciones grandes en su propio camino hacia la mejora de la gestión de servicios de TI.

- **Subrayar la Transformación y el Valor Generado:** Enfatizar la transformación operativa y el valor empresarial generado a través de la implementación de ITIL4 en grandes entornos corporativos.

Importancia de ITIL4 para Grandes Corporaciones

En el contexto de grandes corporaciones, ITIL4 proporciona un marco robusto y flexible que permite a las organizaciones:

- **Gestionar la Complejidad:** Navegar por la complejidad de sus operaciones de TI y servicios mediante prácticas estandarizadas y procesos bien definidos.

- **Mejorar la Eficiencia y Eficacia:** Optimizar los recursos y mejorar la eficiencia y eficacia de las operaciones de TI, lo que resulta en ahorros de costos y mejoras en la entrega de servicios.

- **Fomentar la Innovación:** Crear un entorno que promueva la innovación al alinear los servicios de TI con las estrategias de negocio y aprovechar las nuevas tecnologías de manera efectiva.

- **Incrementar la Satisfacción del Cliente:** Mejorar la experiencia del cliente y usuario final al garantizar servicios de TI fiables, disponibles y alineados con sus necesidades.

La Sección 6.2, "Grandes Corporaciones: Ejemplos de Implementación en Grandes Organizaciones", es crucial para comprender cómo ITIL4 se puede escalar y adaptar para enfrentar los desafíos específicos y aprovechar las oportunidades dentro de grandes corporaciones. A través de casos de estudio y ejemplos reales, esta sección proporciona una guía valiosa y práctica para las organizaciones que buscan mejorar sus capacidades de gestión de servicios de TI y lograr la excelencia operativa en un entorno corporativo de gran escala.

Grandes Corporaciones: Ejemplos de Implementación en Grandes Organizaciones

Las grandes corporaciones enfrentan desafíos únicos en la gestión de servicios de TI debido a su escala, complejidad y la diversidad de necesidades de sus stakeholders. La implementación de ITIL4 en estos entornos requiere una estrategia cuidadosamente planificada, recursos dedicados y un compromiso firme con la mejora continua. A continuación, presentamos ejemplos genéricos que ilustran cómo grandes organizaciones han adoptado ITIL4 para transformar sus operaciones de TI.

Ejemplo 1: Transformación Digital en una Multinacional Financiera

Contexto: Una corporación financiera global enfrentaba desafíos en la agilidad y la eficiencia de sus servicios de TI, lo que afectaba su capacidad para responder a las demandas del mercado rápidamente.

Implementación: La corporación adoptó ITIL4 para estandarizar sus procesos de TI y adoptar un enfoque más ágil. Se centró en la gestión de cambios y en la mejora de la gestión de incidentes y solicitudes para aumentar la eficiencia operativa.

Resultados: La implementación resultó en una reducción del 30% en el tiempo de resolución de incidentes y una mejora significativa en la entrega de proyectos de TI, lo que permitió una mayor innovación y una respuesta más rápida a las necesidades del mercado.

Ejemplo 2: Consolidación de Servicios de TI en una Empresa de Telecomunicaciones

Contexto: Con múltiples fusiones y adquisiciones, una gran empresa de telecomunicaciones luchaba con la redundancia de procesos y sistemas de TI.

Implementación: La empresa utilizó ITIL4 para guiar la consolidación de sus servicios de TI, enfocándose en la gestión de servicios y activos para eliminar duplicaciones y mejorar la coherencia en toda la organización.

Resultados: La consolidación bajo ITIL4 condujo a una operación más eficiente, con una reducción estimada del 20% en costos operativos y una mejora en la satisfacción del cliente debido a servicios más coherentes y confiables.

Ejemplo 3: Mejora de la Seguridad y Conformidad en una Corporación Tecnológica

Contexto: Una corporación tecnológica líder enfrentaba desafíos crecientes en seguridad de la información y conformidad con regulaciones globales.

Implementación: Implementaron prácticas de ITIL4 enfocadas en la gestión de la seguridad de la información y la gestión de riesgos, mejorando los protocolos de seguridad y la evaluación de riesgos en todos los servicios de TI.

Resultados: La adopción de ITIL4 mejoró significativamente la postura de seguridad de la empresa, reduciendo las brechas de seguridad en un 40% y fortaleciendo la conformidad con regulaciones internacionales.

Lecciones Aprendidas

- **Compromiso Organizacional:** El éxito requiere el compromiso de todos los niveles de la organización, desde la alta dirección hasta los equipos operativos.

- **Personalización y Escalabilidad:** ITIL4 debe adaptarse a la cultura y necesidades específicas de la corporación, aprovechando su flexibilidad para escalar en grandes operaciones.

- **Comunicación y Capacitación:** La comunicación efectiva y la capacitación son esenciales para asegurar la comprensión y el apoyo en toda la organización.

Conclusión

Estos ejemplos ilustran la versatilidad y eficacia de ITIL4 en el contexto de grandes corporaciones, demostrando cómo puede ser utilizado para abordar una variedad de desafíos operativos y estratégicos. Al adoptar ITIL4, las grandes organizaciones pueden mejorar significativamente la eficiencia, la agilidad y la resiliencia de sus operaciones de TI, lo que les permite ofrecer un valor superior a sus clientes y mantenerse competitivas en un entorno de negocios en constante cambio.

Sección 6.3: Sector Público: Caso de Estudio sobre la Adopción de ITIL4 en el Sector Público

Introducción

Mientras que las empresas privadas han liderado tradicionalmente en la adopción de marcos de gestión de servicios de TI como ITIL4, el sector público también ha comenzado a reconocer y abrazar los beneficios de aplicar estas prácticas para mejorar la eficiencia, la transparencia y la entrega de servicios al ciudadano. La Sección 6.3 se sumerge en el sector público, presentando un caso de estudio detallado sobre la implementación de ITIL4 en este ámbito.

Este segmento ofrece una visión invaluable de cómo las entidades gubernamentales y otras organizaciones del sector público pueden superar desafíos únicos, como la gestión de recursos limitados, la necesidad de altos niveles de seguridad y la obligación de cumplir con estrictos mandatos regulatorios, mediante la adopción de ITIL4. A través de este caso de estudio, se destacan las estrategias, los procesos y los resultados de implementar ITIL4, proporcionando una guía práctica y lecciones aprendidas para otras organizaciones del sector público que buscan emprender un camino similar hacia la mejora de la gestión de servicios de TI.

Objetivos de esta Sección

- **Explorar la Aplicabilidad de ITIL4 en el Sector Público:** Demostrar cómo ITIL4 puede adaptarse y aplicarse dentro del contexto específico del sector público para abordar sus desafíos y necesidades únicas.

- **Ilustrar Estrategias de Implementación y Resultados:** Presentar un caso de estudio real que detalle las estrategias de implementación de ITIL4 en el sector público, incluyendo los obstáculos superados y los beneficios alcanzados.

- **Destacar la Mejora en la Entrega de Servicios al Ciudadano:** Enfatizar cómo ITIL4 contribuye a mejorar la entrega de servicios al ciudadano, mejorando la eficiencia, la calidad y la satisfacción.

- **Ofrecer Lecciones Aprendidas y Mejores Prácticas:** Compartir insights críticos y lecciones aprendidas durante el proceso de adopción de ITIL4 que puedan servir de guía a otras entidades del sector público.

Importancia de ITIL4 para el Sector Público

La adopción de ITIL4 en el sector público es fundamental para transformar la manera en que las organizaciones gubernamentales gestionan y entregan servicios de TI. Esto no solo implica mejoras internas en términos de eficiencia y eficacia operativa, sino que también tiene un impacto directo en la calidad y accesibilidad de los servicios ofrecidos a los ciudadanos, contribuyendo a una mayor transparencia y confianza en el gobierno.

La Sección 6.3, dedicada a los casos de estudio sobre la adopción de ITIL4 en el sector público, ofrece una perspectiva esclarecedora sobre el potencial de ITIL4 para catalizar cambios positivos en la gestión de servicios de TI dentro de las organizaciones gubernamentales. Al examinar un caso de estudio concreto, las entidades del sector público pueden obtener una comprensión más profunda de cómo navegar sus desafíos únicos mediante la implementación de ITIL4, estableciendo un modelo a seguir para la mejora continua y la excelencia en la entrega de servicios al ciudadano.

Sector Público: Caso de Estudio sobre la Adopción de ITIL4 en el Sector Público

Contexto

La "Agencia Nacional de Servicios Públicos" (ANSP), una entidad gubernamental encargada de proporcionar servicios críticos a ciudadanos, se enfrentaba a desafíos significativos en la gestión de sus servicios de TI. Estos desafíos incluían tiempos de respuesta lentos a incidentes, una falta de procesos claros para la gestión del cambio y una alineación deficiente entre los servicios de TI y las necesidades del negocio.

Objetivos de la Implementación

- Mejorar la eficiencia y efectividad en la entrega de servicios de TI.

- Establecer procesos claros y estandarizados para la gestión de servicios.

- Alinear los servicios de TI con las necesidades y objetivos estratégicos del sector público.

Estrategia de Implementación

1. Compromiso de la Dirección: La dirección de ANSP se comprometió firmemente con la adopción de ITIL4, proporcionando los recursos necesarios y estableciendo la mejora de servicios de TI como una prioridad estratégica.

2. Formación y Certificación: Se organizó un programa de formación para certificar al personal de TI en ITIL4, asegurando que todos los involucrados tuvieran una comprensión sólida de las mejores prácticas de gestión de servicios.

3. Evaluación de Madurez: Se realizó una evaluación inicial para determinar la madurez de los procesos de TI existentes y identificar áreas de mejora prioritarias.

4. Implementación Gradual: ANSP adoptó un enfoque gradual para implementar prácticas de ITIL4, comenzando con la gestión de incidentes y solicitudes, seguido por la gestión del cambio y la liberación.

Resultados Alcanzados

- **Reducción del Tiempo de Resolución de Incidentes:** La implementación de procesos estandarizados de gestión de incidentes redujo el tiempo medio de resolución en un 40%.

- **Procesos de Cambio Mejorados:** La adopción de la gestión del cambio de ITIL4 resultó en una tasa de éxito del 95% en la implementación de cambios, minimizando las interrupciones de servicio.

- **Alineación con Objetivos del Negocio:** La estrecha colaboración entre los equipos de TI y las unidades de negocio aseguró que los servicios de TI estuvieran directamente alineados con las necesidades de los ciudadanos y los objetivos estratégicos de la agencia.

Lecciones Aprendidas

- **La Importancia del Compromiso Organizacional:** El éxito de la implementación dependió en gran medida del compromiso y apoyo continuo de la alta dirección.

- **Necesidad de Flexibilidad:** Adaptar las prácticas de ITIL4 a las especificidades del sector público fue clave para abordar sus desafíos únicos.

- **Comunicación Efectiva:** Establecer canales de comunicación efectivos entre TI y las unidades de negocio fue crucial para asegurar que los servicios de TI cumplieran con las expectativas.

Conclusión

El caso de la "Agencia Nacional de Servicios Públicos" ilustra cómo la adopción de ITIL4 puede transformar la gestión de servicios de TI en el sector público, mejorando la eficiencia operativa, la calidad del servicio y la alineación estratégica. Este caso de estudio sirve como un modelo para otras entidades del sector público que buscan optimizar sus operaciones de TI y mejorar la entrega de servicios al ciudadano, demostrando que con el compromiso adecuado, capacitación y adaptación a las necesidades específicas, ITIL4 puede ser una herramienta poderosa para el éxito.

Capítulo 7: Guías Paso a Paso Detalladas

Introducción

Tras explorar los principios fundamentales de ITIL4, su aplicación práctica en diversos entornos, y estudiar casos reales en empresas de diferentes tamaños y sectores, el Capítulo 7 se centra en proporcionar "Guías Paso a Paso Detalladas" para implementar y gestionar los procesos de ITIL4. Este capítulo es esencial para aquellos que buscan una orientación detallada y práctica, ofreciendo un camino claro y estructurado para la adopción de ITIL4 dentro de sus organizaciones.

Las guías paso a paso son herramientas indispensables para desglosar los complejos procesos y prácticas de ITIL4 en acciones manejables y comprensibles. Este enfoque permite a las organizaciones no solo entender mejor cómo aplicar ITIL4 sino también cómo adaptar sus principios a las necesidades específicas de su contexto operativo.

Objetivos de este Capítulo

- **Proporcionar Claridad:** Desmitificar los procesos de ITIL4, ofreciendo explicaciones claras y precisas para cada paso necesario en la implementación y gestión de prácticas de gestión de servicios de TI.

- **Facilitar la Aplicación Práctica:** A través de instrucciones detalladas, ayudar a las organizaciones a aplicar las prácticas de ITIL4 de manera efectiva, asegurando una transición suave y una implementación exitosa.

- **Promover la Personalización:** Mostrar cómo las prácticas de ITIL4 pueden ser adaptadas y personalizadas para satisfacer las necesidades únicas y desafíos específicos de cada organización.

- **Incentivar la Mejora Continua:** Proporcionar una base para que las organizaciones no solo implementen ITIL4 sino que también lo utilicen como una plataforma para la mejora continua de sus servicios de TI.

Importancia de las Guías Paso a Paso

En el mundo de la gestión de servicios de TI, donde la teoría a menudo debe ser traducida en acción concreta, las guías paso a paso representan un recurso invaluable. Permiten a las organizaciones:

- **Evitar Errores Comunes:** Al seguir pasos bien definidos, las organizaciones pueden evitar errores comunes que a menudo surgen durante la implementación de nuevos procesos.

- **Acelerar la Implementación:** Con una hoja de ruta clara, las organizaciones pueden acelerar el proceso de adopción de ITIL4, logrando resultados positivos en menos tiempo.

- **Asegurar la Coherencia:** Las guías paso a paso ayudan a mantener la coherencia en la aplicación de ITIL4 a través de diferentes departamentos y equipos dentro de una organización.

- **Fomentar la Confianza:** Al proporcionar un camino claro a seguir, estas guías ayudan a construir confianza dentro de los equipos de TI y entre TI y otras partes interesadas en la organización.

El Capítulo 7, "Guías Paso a Paso Detalladas", es una herramienta esencial para cualquier persona o equipo que busque implementar ITIL4. Con un enfoque en proporcionar instrucciones claras, prácticas y personalizables, este capítulo está diseñado para guiar a las organizaciones a través del complejo paisaje de la gestión de servicios de TI, ayudándoles a lograr una implementación exitosa y a fomentar una cultura de mejora continua. Prepárate para explorar guías detalladas que transformarán la teoría de ITIL4 en prácticas efectivas para tu organización.

Sección 7.1: Implementación de Gestión de Incidentes: Proceso Detallado Paso a Paso

La Gestión de Incidentes es un componente esencial de ITIL4, diseñado para garantizar que las operaciones de TI puedan responder rápidamente y de manera efectiva a los incidentes, minimizando el impacto en los negocios y en los usuarios finales. Esta sección proporciona una guía paso a paso detallada para implementar un proceso de Gestión de Incidentes eficaz dentro de su organización.

Paso 1: Definición de Incidente

- **Acción:** Comience por definir claramente qué constituye un "incidente" dentro de su organización. Esta definición debe ser clara para todos los miembros del equipo de TI y las partes interesadas.

Paso 2: Establecimiento de un Sistema de Registro

- **Acción:** Implemente un sistema de registro (puede ser una herramienta de software específica o un sistema de seguimiento de tickets) donde todos los incidentes puedan ser registrados, clasificados y gestionados.

Paso 3: Desarrollo de Procedimientos de Gestión de Incidentes

- **Acción:** Desarrolle procedimientos detallados para la gestión de incidentes, incluyendo la identificación, registro, clasificación, investigación y resolución de incidentes.

Paso 4: Capacitación del Equipo

- **Acción:** Capacite a su equipo de TI en los procedimientos de gestión de incidentes, asegurándose de que comprendan sus roles y responsabilidades dentro del proceso.

Paso 5: Comunicación con los Usuarios

- **Acción:** Establezca líneas claras de comunicación con los usuarios para reportar incidentes. Esto puede incluir la creación de portales de autoservicio, líneas directas de soporte o sistemas de tickets electrónicos.

Paso 6: Clasificación y Priorización de Incidentes

- **Acción:** Clasifique y priorice los incidentes según su impacto y urgencia. Esto asegurará que los incidentes críticos sean atendidos de manera prioritaria.

Paso 7: Investigación y Diagnóstico

- **Acción:** Implemente un proceso para la investigación y diagnóstico de incidentes, utilizando recursos técnicos y conocimientos especializados para identificar la causa raíz.

Paso 8: Resolución y Recuperación

- **Acción:** Desarrolle y aplique soluciones o soluciones temporales para resolver incidentes, restaurando los servicios afectados lo más rápido posible.

Paso 9: Cierre de Incidentes

- **Acción:** Una vez que el servicio ha sido restaurado y el usuario afectado ha confirmado la resolución, el incidente puede ser cerrado en el sistema de registro.

Paso 10: Revisión y Mejora Continua

- **Acción:** Realice revisiones periódicas de los incidentes gestionados para identificar patrones, prevenir futuras ocurrencias y mejorar el proceso de gestión de incidentes.

Herramientas y Tecnología

- Considerar la implementación de herramientas de gestión de servicios de TI que faciliten la automatización de la gestión de incidentes, ofreciendo funcionalidades como el seguimiento en tiempo real, la clasificación automática y la generación de informes.

Implementar un proceso de gestión de incidentes eficaz es crucial para minimizar el impacto de los incidentes en las operaciones del negocio y en la satisfacción del usuario. Siguiendo estos pasos detallados, su organización puede establecer un marco robusto para la gestión de incidentes, alineado con las mejores prácticas de ITIL4. Esta guía paso a paso no solo ayudará a mejorar la capacidad de respuesta ante incidentes sino que también contribuirá a una cultura de mejora continua dentro de su departamento de TI.

Sección 7.2: Implementación de Gestión de Problemas: Proceso Detallado Paso a Paso

La Gestión de Problemas en ITIL4 se centra en la identificación, registro, diagnóstico y resolución de las causas raíz de los incidentes para prevenir su recurrencia y minimizar el impacto de los incidentes que no pueden prevenirse. Aquí presentamos una guía paso a paso para establecer un proceso de Gestión de Problemas eficaz en su organización.

Paso 1: Definición de Problema

- **Acción:** Defina claramente qué constituye un "problema" dentro de su organización, diferenciando claramente entre un incidente y un problema.

Paso 2: Establecimiento de un Registro de Problemas

- **Acción:** Implemente un registro o base de datos para documentar y gestionar problemas. Este sistema debe permitir el seguimiento de la evolución de cada problema, desde su identificación hasta su resolución.

Paso 3: Desarrollo de Procedimientos de Gestión de Problemas

- **Acción:** Desarrolle procedimientos detallados para la gestión de problemas, incluyendo la detección, registro, clasificación, investigación, y resolución de problemas. Estos procedimientos deben estar alineados con la Gestión de Incidentes para facilitar la identificación de problemas.

Paso 4: Capacitación del Equipo

- **Acción:** Capacite a su equipo en los procedimientos de gestión de problemas, enfatizando la importancia de entender la causa raíz y la diferencia entre incidentes y problemas.

Paso 5: Identificación y Registro de Problemas

- **Acción:** Establezca un proceso para identificar problemas potenciales, ya sea a través de la repetición de incidentes o mediante el análisis proactivo de incidentes y alertas. Registre todos los problemas identificados en el registro de problemas.

Paso 6: Clasificación y Priorización de Problemas

- **Acción:** Clasifique y priorice los problemas basándose en su impacto potencial en el negocio y su urgencia. Esto ayudará a determinar el orden en que se deben abordar los problemas.

Paso 7: Investigación y Diagnóstico

- **Acción:** Realice una investigación detallada para identificar la causa raíz de cada problema. Esto puede requerir el análisis de registros, la revisión de configuraciones y la colaboración con expertos técnicos.

Paso 8: Resolución de Problemas

- **Acción:** Desarrolle y aplique soluciones permanentes para resolver la causa raíz de los problemas. Esto puede incluir cambios en el software, hardware, procesos o prácticas de trabajo.

Paso 9: Revisión y Cierre de Problemas

- **Acción:** Una vez resuelto el problema, realice una revisión para asegurar que la solución aplicada ha sido efectiva. Cierre el problema en el registro de problemas y documente las soluciones aplicadas y las lecciones aprendidas.

Paso 10: Revisión Post-Implementación

- **Acción:** Realice revisiones post-implementación de las soluciones para asegurar que no se hayan introducido nuevos problemas y que el problema original haya sido completamente resuelto.

Herramientas y Tecnología

- Considere la implementación de herramientas de ITSM que integren la Gestión de Incidentes y la Gestión de Problemas, facilitando una visión holística y el análisis de tendencias para identificar problemas proactivamente.

La implementación efectiva de la Gestión de Problemas es clave para aumentar la estabilidad de los servicios de TI y mejorar la satisfacción del usuario final. Siguiendo estos pasos detallados, las organizaciones pueden establecer un proceso robusto para identificar, investigar y resolver las causas raíz de los incidentes, reduciendo la incidencia y el impacto de los problemas futuros. Esta guía paso a paso no solo contribuye a una operación de TI más confiable sino que también fomenta una cultura de mejora y aprendizaje continuos.

Sección 7.3: Implementación de Gestión de Cambios: Proceso Detallado Paso a Paso

La Gestión de Cambios es un proceso clave dentro de ITIL4, diseñado para asegurar que todos los cambios en la infraestructura de TI se realicen de manera controlada, minimizando el riesgo y el impacto en los servicios de TI. Esta sección proporciona una guía paso a paso para implementar un proceso efectivo de Gestión de Cambios en su organización.

Paso 1: Definir el Alcance del Proceso de Gestión de Cambios

- **Acción:** Establezca claramente el alcance del proceso de Gestión de Cambios, incluyendo qué tipos de cambios están cubiertos y quiénes están involucrados en el proceso.

Paso 2: Establecer la Política de Gestión de Cambios

- **Acción:** Desarrolle una política de gestión de cambios que defina los principios, objetivos y responsabilidades clave dentro del proceso de gestión de cambios.

Paso 3: Crear un Proceso de Gestión de Cambios

- **Acción:** Diseñe un proceso detallado de gestión de cambios que incluya la solicitud, revisión, aprobación, implementación y revisión post-implementación de los cambios.

Paso 4: Implementar un Comité de Control de Cambios (CAB)

- **Acción:** Forme un Comité de Control de Cambios (CAB) compuesto por expertos clave de TI y partes interesadas del negocio para revisar y aprobar los cambios propuestos.

Paso 5: Desarrollar un Registro de Cambios

- **Acción:** Establezca un registro de cambios (a menudo parte de una herramienta de gestión de servicios de TI) para documentar y rastrear todos los cambios propuestos y su estado.

Paso 6: Definir Criterios de Evaluación de Cambios

- **Acción:** Establezca criterios claros para evaluar los cambios propuestos, incluyendo el impacto potencial, los recursos necesarios y los riesgos asociados.

Paso 7: Capacitación y Comunicación

- **Acción:** Asegúrese de que todos los involucrados en el proceso de gestión de cambios estén debidamente capacitados y que haya canales de comunicación efectivos para informar sobre los cambios planificados y su impacto.

Paso 8: Implementación de Cambios

- **Acción:** Implemente cambios aprobados siguiendo los planes detallados y asegurándose de que haya recursos adecuados para gestionar y mitigar cualquier riesgo.

Paso 9: Revisión Post-Implementación

- **Acción:** Realice revisiones post-implementación para evaluar el éxito del cambio, identificar lecciones aprendidas y garantizar que los objetivos del cambio hayan sido alcanzados.

Paso 10: Mejora Continua del Proceso de Gestión de Cambios

- **Acción:** Utilice las lecciones aprendidas y los comentarios de las revisiones post-implementación para mejorar continuamente el proceso de gestión de cambios.

Herramientas y Tecnología

- Considere la implementación de herramientas de gestión de servicios de TI que soporten el proceso de gestión de cambios, ofreciendo funcionalidades como la automatización de flujos de trabajo, la visualización del impacto del cambio y la integración con otros procesos de ITIL.

Implementar un proceso efectivo de Gestión de Cambios es crucial para minimizar el riesgo y el impacto de los cambios en los servicios de TI. Siguiendo estos pasos detallados, su organización puede establecer un marco robusto para la gestión de cambios, alineado con las mejores prácticas de ITIL4. Esta guía paso a paso no solo ayuda a asegurar una implementación exitosa de cambios sino que también promueve una cultura de mejora continua y adaptabilidad dentro de la gestión de servicios de TI.

Capítulo 8: Herramientas y Recursos para ITIL4

Introducción

Con el marco de ITIL4 proporcionando una guía integral para la gestión de servicios de TI, el siguiente paso es explorar las herramientas y recursos disponibles que pueden facilitar y enriquecer la implementación de ITIL4 dentro de las organizaciones. El Capítulo 8 está dedicado a desglosar una amplia gama de herramientas y recursos diseñados para apoyar las prácticas de ITIL4, desde la automatización y gestión de servicios hasta la capacitación y el desarrollo profesional.

Este capítulo es esencial para los profesionales de TI y las organizaciones que buscan no solo comprender ITIL4 sino también aplicarlo de manera efectiva. Al explorar las herramientas y recursos disponibles, las organizaciones pueden identificar las soluciones que mejor se adaptan a sus necesidades específicas, optimizando así sus procesos de gestión de servicios de TI y maximizando el valor entregado a los clientes y usuarios finales.

Objetivos de este Capítulo

- **Identificar Herramientas de Apoyo:** Presentar una selección de herramientas de software y plataformas que apoyan la implementación y gestión de ITIL4, destacando sus características y cómo pueden ser utilizadas para facilitar diversas prácticas de ITIL4.

- **Explorar Recursos de Capacitación y Desarrollo:** Resaltar los recursos disponibles para la capacitación y el desarrollo profesional en ITIL4, incluyendo cursos, certificaciones y materiales de autoestudio.

- **Ofrecer Guías y Plantillas:** Proporcionar acceso a guías prácticas, plantillas y otros recursos que pueden ayudar a las organizaciones a planificar e implementar las prácticas de ITIL4.

- **Promover el Intercambio de Conocimientos y Mejores Prácticas:** Fomentar el uso de foros, comunidades en línea y eventos donde profesionales de ITIL4 puedan compartir experiencias, resolver dudas y discutir mejores prácticas.

Importancia de las Herramientas y Recursos para ITIL4

La adopción y el éxito en la implementación de ITIL4 no dependen únicamente de la comprensión teórica del marco; también requieren de la selección adecuada de herramientas y el acceso a recursos de calidad que puedan apoyar la práctica diaria. Las herramientas correctas pueden automatizar procesos, facilitar el seguimiento y la gestión, y proporcionar insights valiosos a través de la analítica. Simultáneamente, los recursos educativos son fundamentales para asegurar que los equipos estén bien capacitados y al tanto de las últimas actualizaciones y mejores prácticas en gestión de servicios de TI.

El Capítulo 8, "Herramientas y Recursos para ITIL4", sirve como un compendio esencial para cualquier organización o profesional que busque implementar ITIL4 de manera efectiva. Al proporcionar una guía detallada sobre las herramientas disponibles y los recursos de aprendizaje, este capítulo apoya la mejora continua y la excelencia en la gestión de servicios de TI, alineando las operaciones de TI con las necesidades del negocio y las expectativas de los usuarios finales. Prepárate para explorar cómo puedes aprovechar estos recursos para fortalecer tus prácticas de ITIL4 y contribuir al éxito de tu organización.

Sección 8.1: Herramientas de Software para la Implementación de ITIL4: Revisión de Herramientas Útiles

En la era digital, las herramientas de software juegan un papel crucial en la implementación eficaz de ITIL4, permitiendo a las organizaciones automatizar procesos, mejorar la gestión de servicios y analizar el rendimiento operativo de TI de manera más efectiva. Esta sección explora una selección de herramientas de software útiles que apoyan las prácticas de ITIL4, ofreciendo a las organizaciones los medios para implementar, gestionar y mejorar sus servicios de TI alineados con los principios de ITIL4.

Herramientas de Gestión de Servicios de TI (ITSM)

1. ServiceNow: Una plataforma líder en la gestión de servicios de TI que ofrece una amplia gama de capacidades, desde la gestión de incidentes hasta la gestión de problemas y cambios, todo dentro de un marco alineado con ITIL4. ServiceNow facilita la automatización de procesos y proporciona análisis avanzados para mejorar la toma de decisiones.

2. BMC Helix ITSM: Ofrece una solución integral para la gestión de servicios de TI, incorporando inteligencia artificial para automatizar operaciones y mejorar la experiencia del usuario. BMC Helix ITSM soporta una implementación efectiva de ITIL4 a través de módulos personalizables y una plataforma de nube nativa.

3. Atlassian Jira Service Management: Conocido por su flexibilidad y facilidad de uso, Jira Service Management es una excelente opción para equipos que buscan adoptar prácticas ágiles junto con ITIL4. Integra la gestión de incidentes, problemas y cambios con otras funciones como la gestión de proyectos y desarrollo de software.

Herramientas de Automatización de Procesos

4. Ivanti Automation: Proporciona herramientas para la automatización de procesos de TI, permitiendo a las organizaciones simplificar la gestión de servicios y mejorar la eficiencia operativa. Ivanti es particularmente útil para la gestión de cambios y la implementación de parches.

5. PagerDuty: Ofrece capacidades de gestión de incidentes y alertas en tiempo real, permitiendo a los equipos de TI responder rápidamente a incidentes críticos. PagerDuty es ideal para organizaciones que buscan mejorar su capacidad de respuesta y minimizar el impacto de los incidentes.

Herramientas de Gestión de Conocimiento y Colaboración

6. Confluence: Una herramienta de colaboración y gestión del conocimiento que permite a los equipos de TI documentar procesos, políticas y procedimientos de ITIL4 de manera centralizada. Facilita el intercambio de conocimientos y promueve las mejores prácticas dentro de la organización.

7. Microsoft Teams: Mientras que Teams es conocido como una herramienta de comunicación y colaboración, su integración con otras aplicaciones de Microsoft y servicios de terceros lo convierte en una plataforma potente para gestionar proyectos de ITIL4 y fomentar la colaboración en tiempo real.

Plataformas de Capacitación y Certificación

8. ITIL Training from Axelos: Axelos, la organización detrás de ITIL, ofrece materiales de formación y certificación oficiales para ITIL4, asegurando que los profesionales de TI tengan acceso a recursos de aprendizaje autorizados y de alta calidad.

9. LinkedIn Learning: Proporciona una amplia gama de cursos de ITIL4, desde introducciones básicas hasta preparación para certificaciones avanzadas, permitiendo a los profesionales de TI mejorar sus conocimientos y habilidades a su propio ritmo.

La selección adecuada de herramientas de software es fundamental para la implementación exitosa de ITIL4 en cualquier organización. Al aprovechar las capacidades de estas herramientas, las organizaciones pueden mejorar significativamente la eficiencia, la efectividad y la agilidad de sus operaciones de servicios de TI. Desde la gestión de incidentes hasta la automatización de procesos y la capacitación, cada herramienta mencionada aquí ofrece oportunidades únicas para respaldar y enriquecer la implementación de ITIL4.

Sección 8.2: Recursos de Aprendizaje y Desarrollo Profesional: Libros, Cursos y Comunidades en Línea

La implementación exitosa de ITIL4 no solo requiere las herramientas adecuadas sino también un profundo entendimiento de sus principios y prácticas. La educación continua y el desarrollo profesional son esenciales para mantenerse actualizado con las mejores prácticas en gestión de servicios de TI. Esta sección ofrece una guía sobre los recursos de aprendizaje más valiosos, incluyendo libros, cursos y comunidades en línea, que pueden ayudar a profesionales y organizaciones a profundizar su conocimiento y habilidades en ITIL4.

Libros Recomendados

1. **"ITIL Foundation: ITIL 4 Edition" por Axelos:** Este libro es la introducción oficial y esencial a ITIL4, proporcionando una visión general completa de los conceptos clave, terminología y las prácticas fundamentales del marco.

2. **"ITIL4 in Action: A Step-by-Step Guide for IT Professionals" por Edgardo Fernandez Climent:** Una guía paso a paso para la implementación de ITIL4 dirigida a profesionales de TI.

2. **"ITIL 4: A Pocket Guide" por Jan van Bon:** Una guía concisa y práctica que resume los elementos más importantes de ITIL4, perfecta para profesionales ocupados que necesitan una referencia rápida.

3. **"ITIL 4 Managing Professional: Your Companion to the ITIL 4 Managing Professional Certifications" por Akshay Anand y Roman Jouravlev:** Este conjunto de libros es ideal para aquellos que buscan

profundizar en las capacidades de ITIL4 más allá de los fundamentos, cubriendo los módulos del nivel Managing Professional.

Cursos y Certificaciones

1. Cursos de Fundamentos de ITIL4: Ofrecidos por múltiples proveedores de capacitación acreditados por Axelos, estos cursos son el punto de partida para cualquier profesional que busque comprender ITIL4. La certificación asociada valida el conocimiento de los conceptos básicos de ITIL4.

2. ITIL Managing Professional (MP) y Strategic Leader (SL): Para aquellos que buscan avanzar más allá de los fundamentos, estos dos flujos de certificación ofrecen conocimientos avanzados y especializados en ITIL4, adecuados para líderes y gestores de TI.

3. Cursos en Línea: Plataformas como Coursera, LinkedIn Learning y Udemy ofrecen cursos de ITIL4, desde introducciones hasta preparación para certificaciones avanzadas, permitiendo a los profesionales avanzar a su propio ritmo.

Comunidades en Línea y Foros

1. Foros de Axelos: Un recurso invaluable donde los profesionales de ITIL pueden hacer preguntas, compartir conocimientos y debatir las mejores prácticas en la gestión de servicios de TI.

2. Reddit (r/ITIL): Esta comunidad en línea es un excelente lugar para intercambiar ideas, experiencias y consejos sobre ITIL con otros profesionales de TI de todo el mundo.

3. Grupos de LinkedIn: Existen numerosos grupos dedicados a ITIL y la gestión de servicios de TI en LinkedIn, ofreciendo una plataforma para la conexión profesional y el intercambio de conocimientos.

Los recursos de aprendizaje y desarrollo profesional juegan un papel crucial en la comprensión y aplicación efectiva de ITIL4. Al aprovechar una combinación de libros, cursos y participación en comunidades en línea, los profesionales de TI pueden construir y mantener una sólida base de conocimientos en ITIL4, lo que les permite liderar y ejecutar iniciativas de gestión de servicios de TI con éxito. La inversión en educación continua es esencial para adaptarse a las cambiantes demandas del entorno de TI y para impulsar la mejora continua dentro de las organizaciones.

Conclusión

A lo largo de este libro, hemos explorado en profundidad el marco de ITIL4, comenzando con sus principios fundamentales, pasando por las prácticas detalladas de gestión de servicios, y concluyendo con recursos prácticos para la implementación y el aprendizaje continuo. ITIL4 se presenta como un marco flexible y holístico diseñado para adaptarse a las necesidades cambiantes de las organizaciones y promover una cultura de mejora continua en la gestión de servicios de TI.

Desde la introducción de los conceptos básicos de ITIL4 y su importancia para las organizaciones modernas hasta la implementación práctica de sus principios en diversos contextos como PYMEs, grandes corporaciones y el sector público, hemos cubierto cómo ITIL4 puede transformar la gestión de servicios de TI, mejorando la eficiencia, la eficacia y la alineación con los objetivos empresariales.

Las guías paso a paso proporcionan un camino claro para la adopción de prácticas específicas de ITIL4, tales como la gestión de incidentes, problemas y cambios, ofreciendo a los lectores la confianza para comenzar o mejorar su viaje de ITIL4. Además, la revisión de herramientas y recursos enfatiza la importancia de la educación continua y el uso de tecnologías de apoyo para facilitar y enriquecer la implementación de ITIL4.

Próximos Pasos y Cómo Seguir Avanzando con ITIL4: Consejos para Continuar el Aprendizaje y la Implementación de ITIL4

1. Evaluar y Planificar: Realice una evaluación inicial de la madurez de su gestión de servicios de TI actual en relación con los principios de ITIL4. Use esta evaluación para planificar su camino hacia la mejora, identificando áreas prioritarias de enfoque.

2. Educación Continua: La implementación efectiva de ITIL4 es un viaje continuo. Invierta en su desarrollo profesional y el de su equipo a través de cursos de formación y certificación en ITIL4. Manténgase actualizado con las últimas tendencias y prácticas a través de la lectura continua y la participación en eventos de la industria.

3. Implementación Práctica: Comience con pequeñas implementaciones de prácticas de ITIL4, utilizando las guías paso a paso proporcionadas. Aprenda de cada implementación y ajuste su enfoque según sea necesario.

4. Uso de Herramientas y Tecnología: Aproveche las herramientas de software que soportan las prácticas de ITIL4. Estas herramientas pueden simplificar la implementación, permitir la automatización de procesos y proporcionar análisis valiosos para la toma de decisiones.

5. Fomentar la Colaboración y la Comunicación: Promueva una cultura de transparencia, colaboración y mejora continua dentro de su organización. La comunicación efectiva con todas las partes interesadas es clave para el éxito de la implementación de ITIL4.

6. Participación en Comunidades: Únase a comunidades en línea y foros de ITIL4 para compartir experiencias, resolver dudas y aprender de los demás. La participación activa en estas comunidades puede proporcionar apoyo y orientación a medida que avanza en su viaje de ITIL4.

7. Revisión y Mejora Continua: Implemente un proceso de revisión regular para evaluar la eficacia de las prácticas de ITIL4 implementadas y identificar oportunidades de mejora. La mejora continua es un pilar central de ITIL4 y fundamental para su éxito a largo plazo.

Conclusión

El marco de ITIL4 ofrece a las organizaciones un enfoque estructurado y adaptable para la gestión de servicios de TI, enfocado en crear valor y mejorar continuamente. Al seguir los consejos y utilizar los recursos proporcionados en este libro, las organizaciones pueden avanzar con confianza en su viaje de ITIL4, enfrentando los desafíos del entorno de TI de hoy con eficacia y preparándose para el futuro. La implementación de ITIL4 no es solo un proyecto; es un compromiso continuo con la excelencia en la gestión de servicios de TI.

Apéndice A: Glosario de Términos de ITIL4

Este glosario proporciona definiciones para algunos de los términos clave utilizados en ITIL4, ayudando a clarificar conceptos y prácticas importantes dentro del marco.

1. ITIL (Information Technology Infrastructure Library):

Una serie de publicaciones y un marco de mejores prácticas para la gestión de servicios de tecnología de la información (TI), que ofrece orientación detallada sobre cómo diseñar, implementar y gestionar servicios de TI de calidad.

2. Servicio:

Un medio de facilitar valor a los clientes al facilitar los resultados que los clientes quieren lograr, sin la necesidad de que ellos asuman costos y riesgos específicos.

3. Gestión de Servicios:

Un conjunto de capacidades organizacionales especializadas para proporcionar valor a los clientes en forma de servicios.

4. Práctica:

Un conjunto de recursos organizacionales diseñados para realizar trabajo o lograr un objetivo. En ITIL4, las prácticas incluyen procesos, pero también personas, habilidades, socios, herramientas, etc.

5. Valor:

El resultado percibido, utilidad o importancia de un servicio o producto, a menudo definido por la relación entre lo que el cliente obtiene y lo que tiene que pagar o sacrificar.

6. Stakeholder:

Cualquier persona o grupo que tenga interés o sea afectado por la gestión y los resultados de los servicios de TI. Esto incluye clientes, usuarios, proveedores y empleados involucrados en la cadena de valor.

7. Cadena de Valor del Servicio (SVS):

Un modelo en ITIL4 que describe las actividades y las interacciones necesarias para crear, entregar y soportar servicios de TI. La SVS ayuda a las organizaciones a comprender cómo las diferentes partes contribuyen a la creación de valor.

8. Principio Guía:

Recomendaciones que pueden guiar a una organización en todas las circunstancias, independientemente de los cambios en sus metas, estrategias, tipo de trabajo o estructura de gestión.

9. Gestión de Incidentes:

Una práctica de ITIL4 diseñada para gestionar el ciclo de vida de todos los incidentes, asegurando que los servicios de TI se restauren lo más rápido posible después de una interrupción.

10. Gestión de Problemas:

Una práctica que se enfoca en identificar y gestionar la causa raíz de los incidentes para prevenir su recurrencia y minimizar el impacto de los incidentes que no pueden prevenirse.

11. Gestión de Cambios:

Una práctica de ITIL4 que garantiza que los cambios se introduzcan en los servicios y procesos de TI de una manera controlada, minimizando el impacto negativo y los riesgos asociados.

12. Configuración de Elemento (CI):

Un activo, componente del servicio o cualquier otro elemento que necesita ser gestionado para entregar un servicio de TI. Los CIs son gestionados dentro de un sistema de gestión de configuración.

13. Acuerdo de Nivel de Servicio (SLA):

Un acuerdo documentado entre un proveedor de servicios y un cliente que describe los servicios a proporcionar y los niveles de servicio esperados.

Este glosario ofrece una visión general de algunos de los términos más comunes y fundamentales en ITIL4, proporcionando una base sólida para la comprensión y aplicación de las prácticas de gestión de servicios de TI dentro de cualquier organización.

Apéndice B: Preguntas Frecuentes (FAQ)

¿Qué es ITIL4?

ITIL4 es la última versión del marco de ITIL, que proporciona un conjunto completo de guías de gestión de servicios de TI. ITIL4 se enfoca en adaptarse a la economía moderna y al entorno de trabajo digital, incorporando prácticas ágiles y DevOps para mejorar la entrega y el soporte de servicios de TI.

¿Cómo se diferencia ITIL4 de ITIL v3?

ITIL4 introduce el concepto del Sistema de Valor del Servicio (SVS) y pone más énfasis en la colaboración, la transparencia, la automatización y el trabajo ágil. Mientras que ITIL v3 se centraba más en procesos específicos dentro de un ciclo de vida del servicio, ITIL4 ofrece una visión más holística y flexible de la gestión de servicios.

¿Por qué debería una organización implementar ITIL4?

La implementación de ITIL4 puede ayudar a las organizaciones a mejorar la eficiencia y eficacia de sus servicios de TI, asegurando que los servicios estén alineados con las necesidades del negocio y los objetivos estratégicos. ITIL4 también promueve una cultura de mejora continua, lo que puede resultar en servicios de TI más resilientes y adaptables.

¿ITIL4 es solo para grandes empresas?

No. Aunque ITIL4 puede ser extremadamente beneficioso para grandes corporaciones debido a su complejidad y escala, el marco es lo suficientemente flexible como para ser adaptado y aplicado en organizaciones de cualquier tamaño, incluidas las pequeñas y medianas empresas (PYMEs).

¿Qué roles y certificaciones están disponibles en ITIL4?

ITIL4 ofrece una gama de certificaciones que cubren diferentes aspectos de la gestión de servicios de TI. Esto incluye ITIL Foundation para los fundamentos del marco, seguido de niveles más avanzados como ITIL Managing Professional y ITIL Strategic Leader. También hay módulos especializados para áreas específicas como la Gestión de Cambios y la Gestión de Incidentes.

¿Cómo puedo empezar con ITIL4?

Comenzar con ITIL4 generalmente implica obtener la certificación ITIL4 Foundation, que proporciona una comprensión básica del marco y sus principios. A partir de ahí, las organizaciones y los individuos pueden buscar formación adicional y certificaciones en áreas específicas de interés o necesidad.

¿Es necesario actualizar de ITIL v3 a ITIL4?

Si bien no es obligatorio, actualizar de ITIL v3 a ITIL4 es recomendable debido a la relevancia de ITIL4 en el contexto actual de la gestión de servicios de TI. ITIL4 proporciona una guía más actualizada que refleja las prácticas modernas de trabajo, como Agile y DevOps, que son cruciales para las operaciones de TI de hoy.

¿Cómo se mide el éxito de la implementación de ITIL4?

El éxito de la implementación de ITIL4 se puede medir a través de varios indicadores, incluida la mejora en la eficiencia operativa, la reducción de incidentes y problemas, una mayor satisfacción del cliente y una mejor alineación entre los servicios de TI y los objetivos del negocio. Establecer KPIs específicos antes de la implementación puede ayudar a medir el progreso y el impacto.

¿Puedo implementar ITIL4 sin una certificación oficial?

Sí, es posible implementar las prácticas de ITIL4 sin una certificación oficial. Sin embargo, la certificación proporciona una comprensión estructurada y completa del marco, lo que puede mejorar significativamente la efectividad de su implementación. La capacitación y certificación también aseguran que los equipos utilicen un lenguaje común y sigan las mejores prácticas globales.

¿ITIL4 es compatible con otras metodologías como Agile y DevOps?

Absolutamente. ITIL4 ha sido diseñado con una visión inclusiva que reconoce y se integra con otras prácticas de trabajo como Agile, DevOps y Lean. ITIL4 promueve una cultura de trabajo colaborativo y adaptable, que complementa estas metodologías al proporcionar un marco sólido de gestión de servicios.

¿Cuánto tiempo lleva implementar ITIL4?

El tiempo necesario para implementar ITIL4 varía según el tamaño de la organización, el alcance de la implementación y el nivel de madurez de los servicios de TI existentes. Implementaciones pequeñas pueden comenzar a ver resultados en unos pocos meses, mientras que las implementaciones más amplias y profundas pueden tomar un año o más para realizarse completamente.

¿Cómo afectará ITIL4 a mi equipo de TI existente?

La implementación de ITIL4 puede requerir cambios en la forma en que su equipo de TI opera, incluyendo la adopción de nuevos procesos y herramientas. Es importante abordar estos cambios con capacitación adecuada y comunicación abierta para asegurar la adaptación y el compromiso del equipo.

¿Qué ocurre si los procesos de ITIL4 no se ajustan exactamente a las necesidades de mi organización?

ITIL4 se basa en el principio de adaptabilidad y se espera que las organizaciones adapten las prácticas según sus necesidades específicas. La flexibilidad del marco permite a las organizaciones ajustar los procesos para que se alineen mejor con sus objetivos y desafíos únicos.

¿ITIL4 requiere software especializado para su implementación?

Mientras que ciertas herramientas de software pueden facilitar la implementación de ITIL4, especialmente en grandes organizaciones, no es estrictamente necesario contar con software especializado. Sin embargo, el uso de herramientas de ITSM (Gestión de Servicios de TI) puede ayudar a automatizar procesos y proporcionar análisis valiosos.

¿Cómo puedo convencer a la dirección de mi organización para adoptar ITIL4?

La adopción de ITIL4 se puede justificar destacando los beneficios potenciales, como la mejora en la eficiencia operativa, la reducción de costos a largo plazo, la mejora en la satisfacción del cliente y una mayor agilidad y adaptabilidad en la prestación de servicios. Presentar estudios de caso y ejemplos de éxito de otras organizaciones puede ser también persuasivo.

¿Cómo se integra ITIL4 con la gestión de proyectos?

ITIL4 se integra bien con la gestión de proyectos al proporcionar un marco para la entrega de servicios que puede complementar las metodologías de gestión de proyectos. En particular, la gestión de cambios y la gestión de liberaciones son áreas donde ITIL4 y la gestión de proyectos se intersectan de manera efectiva.

Estas preguntas frecuentes proporcionan una visión general básica para aquellos que buscan comprender y aplicar ITIL4 en sus organizaciones. Para obtener información más detallada y específica, se recomienda consultar las publicaciones oficiales de ITIL4 y participar en programas de formación y certificación acreditados.

Apéndice C: Recursos Adicionales

Para aquellos interesados en profundizar aún más en ITIL4 y en la gestión de servicios de TI, aquí se proporciona una lista de recursos adicionales. Estos recursos pueden ayudar a expandir su conocimiento, proporcionar herramientas prácticas y ofrecer oportunidades para conectar con la comunidad de ITIL y gestión de servicios de TI.

Publicaciones Oficiales de ITIL

1. Axelos: El sitio web oficial de Axelos (https://www.axelos.com/) ofrece una amplia gama de materiales de ITIL, incluidos libros, artículos, estudios de caso y detalles sobre certificaciones.

2. ITIL 4 Foundation Book: Disponible para compra a través de Axelos y otros proveedores de libros, este texto es esencial para cualquier persona que empiece con ITIL4.

Plataformas de Aprendizaje en Línea

1. LinkedIn Learning: Ofrece una variedad de cursos de ITIL, desde fundamentos hasta niveles avanzados, impartidos por expertos en la industria.

2. Udemy: Una plataforma de aprendizaje en línea con cursos de ITIL4 que cubren diferentes aspectos del marco, adecuados para principiantes y profesionales avanzados.

3. Coursera: Colabora con universidades y organizaciones para ofrecer cursos en línea, incluidos algunos relacionados con la gestión de servicios de TI y ITIL.

Herramientas de Software

1. ServiceNow: Una plataforma líder en ITSM que soporta la implementación de muchas prácticas de ITIL4.

2. BMC Helix: Ofrece soluciones ITSM basadas en la nube que están alineadas con las prácticas de ITIL4.

3. Atlassian Jira Service Management: Una herramienta que facilita la gestión de incidentes, problemas y cambios siguiendo las prácticas de ITIL4.

Comunidades y Foros

1. ITSM Community de Reddit (r/ITSM): Un foro para profesionales de ITSM para discutir tendencias, compartir recursos y resolver dudas.

2. Foros de Axelos: Ofrecen discusiones sobre ITIL y oportunidades para hacer preguntas y compartir experiencias con otros profesionales.

3. Grupos de LinkedIn: Existen numerosos grupos dedicados a ITIL y la gestión de servicios de TI, donde se puede interactuar con otros profesionales del campo.

Conferencias y Eventos

1. ITSM Conferences: Eventos como HDI Conference & Expo, y Service Management World ofrecen oportunidades para aprender de los líderes de pensamiento en ITSM, descubrir las últimas tendencias y conectarse con otros profesionales.

2. Webinars de ITIL y ITSM: Muchos proveedores y organizaciones de formación ofrecen webinars gratuitos y pagos que cubren diversos temas relacionados con ITIL y la gestión de servicios de TI.

Certificaciones y Formación

1. Proveedores de Formación Acreditados por Axelos: Para aquellos que buscan certificaciones oficiales de ITIL4, es crucial elegir proveedores de formación acreditados por Axelos para garantizar la calidad y la relevancia del contenido.

Blogs y Artículos

1. ITSM.tools: Un sitio web repleto de artículos, encuestas, y guías sobre ITSM e ITIL, proporcionando información actualizada y consejos prácticos de expertos en la industria.

2. The ITSM Review: Ofrece análisis, reseñas y noticias sobre diversas herramientas y prácticas de ITSM, incluido ITIL4, ayudando a los profesionales a mantenerse informados sobre las últimas tendencias.

3. IT Chronicles: Este sitio web cubre una amplia gama de temas dentro de ITSM, ITIL, y más allá, ofreciendo perspectivas de líderes de pensamiento en tecnología y gestión de servicios.

Podcasts y Videos

1. The ITSM Crowd: Un programa de video que reúne a expertos de ITSM para discutir temas actuales, mejores prácticas y desafíos en la industria.

2. All Things ITSM: Este podcast explora temas en ITSM, ITIL, y áreas relacionadas, proporcionando insights valiosos y discusiones en profundidad sobre el cambiante mundo de la gestión de servicios de TI.

3. Axelos Global Best Practice YouTube Channel: El canal oficial de YouTube de AXELOS, donde se pueden encontrar webinars, entrevistas y explicaciones sobre ITIL y otras mejores prácticas de gestión.

Herramientas de Evaluación y Diagnóstico

1. ITIL Maturity Model: Axelos ofrece un Sistema demadurez que ayuda a las organizaciones a evaluar su alineación actual con ITIL4 y a identificar áreas de mejora.

2. Self-Assessment Tools: Herramientas de autoevaluación disponibles en línea pueden ayudar a los profesionales y organizaciones a medir su comprensión y aplicación de las prácticas de ITIL4.

Comunidades Profesionales y Grupos de Estudio

1. Meetup: Plataformas como Meetup pueden ser excelentes para encontrar o iniciar grupos locales de estudio o comunidades de práctica de ITIL4, permitiendo el intercambio de conocimientos y experiencias en persona o virtualmente.

2. ITIL4 Foundation LinkedIn Group: Un grupo específico para aquellos interesados en la certificación de ITIL4 Foundation, donde los miembros comparten recursos de estudio, consejos y motivación.

Conferencias Virtuales y Talleres

1. BrightTALK ITSM Channel: Ofrece una amplia gama de webinars gratuitos y talleres virtuales sobre ITSM y ITIL4, impartidos por expertos de la industria.

2. Virtual ITSM Conferences: Con la creciente popularidad de los eventos virtuales, hay muchas conferencias de ITSM que se pueden asistir desde cualquier lugar, ofreciendo sesiones educativas y oportunidades de networking.

Estos recursos adicionales están diseñados para complementar tu viaje de aprendizaje y desarrollo en ITIL4, brindándote acceso a una comunidad más amplia de conocimiento y apoyo. Desde mantenerse al día con las últimas tendencias hasta conectarse con otros profesionales de ITSM, estos recursos pueden ayudarte a navegar tu carrera en la gestión de servicios de TI con confianza.

About the Author

Edgardo Fernández Climent, un destacado profesional de la informática con más de dos décadas de experiencia, ha dejado una huella indeleble en los ámbitos de infraestructura, redes y ciberseguridad. Tras graduarse con honores en Sistemas de Información Computarizados, Edgardo cursó un MBA y un Máster en Sistemas de Información de Gestión. Posee varias certificaciones de la industria como PMP, ITIL4 y Security+.

A lo largo de su carrera, el compromiso de Edgardo con mantenerse al tanto de las tecnologías emergentes y las tendencias de la industria permaneció inquebrantable. Su liderazgo al guiar a organizaciones a través de paisajes tecnológicos complejos y protegerlos contra amenazas cibernéticas se ha convertido en un testimonio de su experiencia y previsión.

No solo un virtuoso técnico, Edgardo también se ganó una reputación por mentorizar e inspirar a la próxima generación de profesionales de TI. Su dedicación a compartir conocimientos y fomentar un ambiente de trabajo colaborativo ha dejado un impacto duradero en los equipos que dirigió.

Hoy, como un consultor muy solicitado en la industria de TI, Edgardo continúa dando forma al paisaje tecnológico, impulsando la innovación y fortaleciendo a las organizaciones contra los desafíos siempre en evolución de la era digital. Su trayectoria es un testimonio del poder transformador de la experiencia, la pericia y la incesante búsqueda de excelencia en el dinámico campo de la tecnología de la información.

You can connect with me on:

🌐 https://fernandezcliment.com

🔗 https://amazon.com/author/efernandezcliment

Also by Edgardo Fernandez Climent

ITIL4 in Action: A Step-by-Step Guide for IT Professionals

"ITIL4 in Action: A Step-by-Step Guide for IT Professionals" is an invaluable resource that demystifies the principles and practices of ITIL 4, offering a hands-on approach for IT professionals navigating the world of IT service management. This comprehensive guide provides a clear roadmap, allowing readers to seamlessly integrate ITIL 4 into their daily operations. Through step-by-step guides, real-world scenarios, and actionable insights, the book equips IT professionals with the tools to enhance service delivery, optimize processes, and align IT services with organizational goals. Whether you're a seasoned IT expert or a newcomer to ITIL, this book serves as a trusted companion, offering a practical and accessible journey through the implementation of ITIL 4 practices.

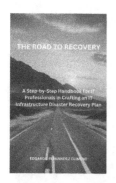

The Road to Recovery: A Step-by-Step Handbook for IT Professionals in Crafting an IT Infrastructure Disaster Recovery Plan

Disasters lurk around every corner, threatening to cripple your organization's IT infrastructure and disrupt critical operations. As an IT professional, you stand as the guardian of resilience, responsible for safeguarding data, resources, and business continuity in the face of the unforeseen. **The Road to Recovery** serves as your comprehensive roadmap to crafting a robust disaster recovery plan, empowering you to navigate adversity with confidence.

This step-by-step guide delves into the core concepts of disaster recovery, equipping you with the knowledge to identify potential threats, from natural disasters like earthquakes and floods to cyberattacks and data breaches. Through a thorough assessment of your IT infrastructure, you'll learn to map critical systems, identify dependencies, and evaluate potential impact, gaining valuable insights to inform your decision-making.

The heart of the book lies in crafting a comprehensive disaster recovery plan. You'll gain a clear understanding of defining recovery objectives, establishing Recovery Time Objectives (RTOs) and Recovery Point Objectives (RPOs), and exploring a diverse range of recovery strategies tailored to your organization's specific needs. Whether it's implementing backup and restoration procedures, leveraging hot or cold sites, or utilizing cloud-based solutions, you'll have the knowledge to build a plan that truly works.

But creating a plan is only half the battle. **The Road to Recovery** emphasizes the crucial role of testing and maintenance. Learn practical testing procedures and simulation techniques to identify weaknesses and ensure your plan can withstand real-world challenges. Ongoing maintenance and monitoring are also covered, highlighting the importance of continuous adaptation to reflect evolving technology and threats.

This book is your indispensable companion on the journey to safe-guarding your IT infrastructure. With its expert guidance and practical strategies, you'll be empowered to:

Proactively identify and anticipate threats to your IT infrastructure.

Conduct a thorough assessment of your critical systems and dependencies.

Craft a comprehensive disaster recovery plan aligned with your organization's specific needs.

Implement effective testing and maintenance procedures to ensure plan effectiveness.

Adapt your plan to evolving technology and threats, guaranteeing long-term resilience.

The Road to Recovery is more than just a handbook; it's an investment in your organization's future. By taking control of disaster prepared-ness, you ensure business continuity, minimize downtime, and emerge from challenges stronger than ever.

Is your IT infrastructure ready for the unexpected? Start your journey to recovery today.

Leveraging Generative AI in IT Project Management: A Practical Guide

"Leveraging Generative AI in IT Project Management: A Practical Guide" is an indispensable resource for IT project managers and professionals seeking to navigate the complexities of modern project landscapes with the innovative power of Generative AI (GenAI). This comprehensive guide begins with a foundational preface on GenAI's significance in IT project management and offers readers an instructive roadmap on utilizing the book to its full potential. From the fundamentals of GenAI technologies, key concepts, and their application in IT projects, to the strategic integration of GenAI for project planning, documentation, and risk management, this book covers all the essential grounds.

Through detailed chapters, readers will learn how to set up their projects for success with GenAI, including choosing the right models, integrating AI into existing systems, and using GenAI for dynamic documentation and real-time project tracking. The book also delves into the softer aspects of project management, such as fostering an AI-ready culture, managing human-AI collaboration, and navigating the governance and ethical challenges posed by AI technologies. With a focus on practical applications, each chapter is enriched with case studies, examples, and best practices for leveraging GenAI to enhance team collaboration, optimize resource allocation, and make strategic decisions.

Addressing future trends and innovations, the book prepares project managers for the evolving IT project management landscape, emphasizing the importance of sustainable and ethical AI development. The guide concludes with an epilogue that reflects on the paradigm shifts in project management and the enduring role of human ingenuity in an

AI-driven world. Complemented by appendices offering a glossary of terms, resources for further learning, and a directory of software and tools, this guide is a must-have for anyone looking to leverage GenAI to drive project success in the digital age.

Mastering DevOps: A Comprehensive Guide to Streamlining Software Development and Operations

" Mastering DevOps: A Comprehensive Guide to Streamlining Software Development and Operations " is your essential guide to navigating the dynamic landscape of modern software development and delivery. Whether you're a seasoned IT professional or just starting your journey, this concise yet comprehensive book equips you with the fundamental principles and practical insights needed to embrace the transformative power of DevOps.

Explore the core concepts of DevOps, from fostering a collaborative culture to implementing continuous integration and delivery (CI/CD) practices. Uncover the significance of automation, infrastructure as code (IaC), and the integration of security throughout the development lifecycle. Real-world examples and case studies provide practical applications, helping you overcome common challenges and optimize your software delivery processes.

As you progress through the book, gain a glimpse into the future of DevOps, examining emerging technologies and trends that will shape the IT landscape. Discover strategies for staying ahead of industry changes and fostering a culture of continuous improvement within your organization.

"Mastering DevOps: A Comprehensive Guide to Streamlining Software Development and Operations " is your go-to resource for mastering the essentials of DevOps and adapting to the demands of the digital era. Whether you're an IT professional, developer, or decision-maker, this book empowers you to streamline your software delivery, enhance collaboration, and embrace the agility needed to succeed in today's fast-paced technology landscape. Embark on your DevOps journey and unlock the key essentials for modern software development success.

Mastering NIST SP 800-53: A Small Business IT Professional's Roadmap to Compliance

"Mastering NIST SP 800-53: A Small Business IT Professional's Roadmap to Compliance" is an indispensable guide tailored specifically for IT professionals operating within the dynamic landscape of small businesses. Authored with a keen understanding of the unique challenges faced by smaller enterprises, this book serves as a comprehensive roadmap to demystify and master the intricacies of the NIST Special Publication 800-53 framework. It goes beyond the theoretical by providing practical insights and actionable steps for implementing and maintaining NIST SP 800-53 controls, offering a holistic approach to information security. With real-world examples, best practices, and a focus on accessibility, this book empowers small business IT professionals to navigate the compliance landscape confidently, fortify their organizations against cybersecurity threats, and elevate their overall security posture. "Mastering NIST SP 800-53" is not just a manual for compliance; it is an essential companion for IT professionals seeking to safeguard the digital assets of their small businesses effectively.

Implementing NIST Cybersecurity Framework 2.0: A Comprehensive Guide for IT Professionals in SMEs

"Implementing NIST Cybersecurity Framework 2.0" serves as an indispensable guide tailored for Information Technology (IT) professionals navigating the complex landscape of Small and Medium-sized Enterprises (SMEs). In this comprehensive handbook, readers will find a detailed roadmap to fortify their organization's cyber defenses using the latest iteration of the National Institute of Standards and Technology (NIST) Cybersecurity Framework.

This book demystifies the intricacies of cybersecurity implementation, offering practical insights and step-by-step instructions to align SMEs with the robust security measures outlined in the NIST Cybersecurity Framework 2.0. Authored by seasoned experts in the field, the guide provides a holistic approach to address the evolving cyber threats faced by SMEs.

Whether you are an IT professional, cybersecurity practitioner, or an SME decision-maker, "Implementing NIST Cybersecurity Framework 2.0" is your go-to resource for fortifying your organization's defenses in the digital age. Arm yourself with the knowledge and tools needed to proactively safeguard against cyber threats, making cybersecurity a cornerstone of your business resilience strategy.

Understanding Bard: A Guide to Unlocking the Potential of Google's Language Model

Dive into the intriguing world of Google's AI language model, Bard, with "Understanding Bard: A Guide to Unlocking its Potential." This comprehensive volume unpacks the mysteries of this powerful tool, from its vast knowledge base to its creative text generation capabilities. Explore how Bard can transform your writing, research, and even coding endeavors, with practical tips and strategies for crafting effective prompts and fine-tuning its outputs. Whether you're a seasoned tech enthusiast or simply curious about the future of AI, "Understanding Bard" empowers you to harness the full potential of this groundbreaking technology and embark on a journey of exploration, innovation, and endless possibilities.

www.ingramcontent.com/pod-product-compliance
Lightning Source LLC
Chambersburg PA
CBHW071247050326
40690CB00011B/2296